周蓓 主編

『民國專題史』叢書

陳捷 撰述 何炳鬆 校閱

河南人民出版社

義和團運動史

敘述白蓮教起義至簽訂《辛醜條約》的義和團運動史。這是當時唯一的一本持「義民論」的專書

圖書在版編目(CIP)數據

義和團運動史 / 陳捷撰述，何炳鬆校閲. —鄭州 ：
河南人民出版社，2016. 4(2017. 1 重印)
(民國專題史叢書 / 周蓓主編)
ISBN 978-7-215-10063-3

Ⅰ. ①義… Ⅱ. ①陳… ②何… Ⅲ. ①義和團運動
Ⅳ. ①K256. 7

中國版本圖書館 CIP 數據核字(2016)第 079796 號

河南人民出版社出版發行
(地址：鄭州市經五路 66 號　郵政編碼：450002　電話：65788063)
新華書店經銷　　河南新華印刷集團有限公司印刷
開本 710 毫米×1000 毫米　1/16　印張 9.75
字數 140 千字
2016 年 4 月第 1 版　　2017 年 1 月第 3 次印刷

定價 ：61.00 圓

出版前言

中國現代學術體系是在晚清西學東漸的大潮中逐步形成的。至民國初建，中央政治權威進一步分散和削弱，加之新文化運動帶給國人思想上的空前解放，新學的啓蒙，新知識分子的産生，民國學術如草長鶯飛，進入一個自由而蓬勃的時代。中國傳統學科乃中國學術之根基與菁華所在，民國學人采用『取今復古，别立新宗』之方法，引入西方的學術觀念，積極改造，使史學、文學等學科向現代學術方向轉型。此外，大力推介西方社會科學的新學科和自然科學，在學習、借鑒乃至移植西方現代學術話語和研究範式的過程中，逐漸建立中國現代學科，使中國的學科門類迅速擴展。一時間，新舊更迭，中西交流，百花齊放，萬壑争流，開創了中國現代學術的源頭。

伴隨知識轉型和研究範式轉换而來的，還有學術著作撰寫方式的創新。中國古代的著作向來以單篇流傳，經後人整理匯編後，方以成册成集的面目出現并持續傳播。直到十九世紀末，東西方的歷史編撰體裁不外乎多卷本的編年體、紀傳體和紀事本末體等，章節體的出現標志着近代西方學術規範的産生和新史學的興起。章節體具有依時間順序，按章節編排；因事立題，分篇綜論；既分門别類，又綜合通貫的特點。以章、節搭建起論述之框架，結構分明，邏輯清晰，較傳統的撰寫體裁容量大、系統性强。它的傳入，使中國現代學術體系從内容到形式被納入了全球化的軌道。民國時期專題史的研究、譯介、編纂、出版恰恰是在這樣的背景下欣欣而發，是學術的實驗場，也是歷史的記録儀。編選『民國專題史』叢書的初衷正是爲了從一個側面展示中國學術從傳統向現代過渡的歷史進程。

專題史是對一個學科歷史的總結，是學科入門的必備和學科研究的基礎，也是對一個時代艱深新鋭問題的解答，是學術研究的高點。民國專題史著作中，既包含通論某一學科全部或一時代（區域、國别）的變化過程的，又囊括對一時代或一問題作特殊研究的，還有少部分是對某一專題的史料進行收集的。原創與翻譯并重，翻譯的底本大多選擇該學科的代表著作或歐美大學普及教本，兼顧權威性和流行性，其中日本學者的論著占據了相當比重。日本與中國同屬東亞儒家文化圈，他們在接納西方學術思想和研究模式時，已作了某種消化與調適，從思維轉換的角度看，更便于中國借鑒和利用，他們的著作因而被時人廣泛引進。

與當代學術研究日趨專業化、專門化、專家化的『窄化』道路迥乎不同的是，中國傳統學術崇尚『學問主通不主專，貴通人不尚專家』的通識型治學門徑，處于過渡轉型期的民國學術在不同程度上保留了這種特徵。民國學術大師諸學科貫通一脉，上千年縱横捭闔之功力自不待冗言，外交家著倫理政治史、文學家著哲學史、化學家著戰争史等亦不乏其人，民國專題史研究呈現出開放、融通、跨界撰述的特點。與此同時必須看到，自晚清以來，中國的命運就在外侮屢犯、内亂頻仍的窘境中跌宕彷徨，民族存亡仿若命懸一綫。這股以創建學科、總結經驗、解決問題爲指歸的專題史出版風潮背後，包裹着民國學人企望以西學爲工具拯民族于衰微的探索精神，及以學術救亡的愛國之心。梁任公曾言：『史學者，學問之最博大而最切要者也，國民之明鏡也，愛國心之源泉也。』這種位卑未敢忘憂國的歷史使命感和國民意識是今人無法漠視和遺忘的。

『民國專題史』叢書收録的範圍包括現代各個學科，不僅限于人文社會科學，學科分類以《民國總書目》的分科爲標準，計有哲學、宗教、社會、政治、法律、軍事、經濟、文化、教育、語言文字、中國文學、外國文學、中國歷史、西方史、自然科學、醫學、工業、交通共19個學科門類。本叢書分輯整理出版，内不分科，單本發行，方便讀者按需索驥。既可作爲大專院校圖書館、學術研究機構館藏之必備資源，也可滿足個人研讀或興趣之收藏。

與目前市場已有的一些專題史叢書相比，『民國專題史』叢書具有規模大、學科全、選本精、原版影印的特點。本叢書選目首重作者的首創、權威和著作影響力，尤其注重選本的稀見性。所謂稀見，即建國後没有再版，且多數圖書館没有收藏，或即便有收藏，也是歸于非公開的珍本之列予以保存，普通讀者難以借閲。部分圖書雖有電子版，但作爲學術研究的經典原著讀本，紙質版本更利于記憶和研究之用。本叢書精揀版本最早、品相最佳的原版圖書作爲底本，因而還具有很高的版本收藏價值。

『民國專題史』的著作是民國學者對于那個時代諸問題之探究，往往有獨到之處，無論其資料、觀點短長得失如何，要之在中國現代學術史的構建與發展進程中，自有其開宗立論之地位。

義和團運動史目次

緒論

第二篇　義和團極盛時期

第三篇　義和團失敗時期

[illegible]

義和團運動史

緒論

前清光緒二十六年庚子，義和團起事於北方；殺教士，焚教堂，戕使臣，圍使館，卒之八國興師，迫成城下之盟；四百五十兆之賠款，貽害至今。世人談及義和團者，每歎息而痛恨之。然凡事必有其原因，習史者正當略迹原情，細考其原委如何，影響於吾民族在世界中之地位上者何在，斷不可以成敗而定其是非也。

中國自鴉片之役以後，政府當局昧於世界大勢，對外交涉，動輒得咎，國際釁開，無戰不敗。亡國之禍，迫於眉睫。而基督教士之干與訴訟，本國教民之欺壓良善，尤爲人民切膚之痛。壓迫既久，反動自生，此義和團之所由起也。若輩逞一朝之忿，貽家國之憂，其迷信孟浪，固已無可諱言；然若原其所以挺而走險之情，則亦未可非議。設吾民族可以任人宰割而不知自救，則可以無義和團之禍；而亡國之慘或早已實現，亦未可知，此其影響於吾國之存亡者尤大。故義和團者，殆帝國主義壓迫之反動，吾國民族主義運動之雛形也。論者責其方法不善可已；至其反抗壓迫之精神，則正中國民族性之表現也。茲謹略述義和團運動之源流，及其成敗之情形，俾閱者得以攬其始末焉。

第一篇　義和團之源流及其內容

第一章　白蓮教

第一節　清代以前之白蓮教

義和團蓋發源於白蓮教；白蓮教又發源於白蓮社。相傳晉代高僧慧遠，開淨土宗佛教，集社念佛，掘淨池以種白蓮，因號白蓮社。其後集社念佛者，多沿蓮社之名。年湮代遠，派別繁多，中有所謂白蓮會者，卽白蓮教也。白蓮教爲迷信邪術之一種祕密結社。祕密結社，爲歷代所嚴禁；然而一人倡之，人人和之者，苟非於民族民權民生三者之中，有大不得已之痛苦，又誰肯干冒國法以爲之耶！試言其故。

元人滅宋，中原全淪於異族；吾國人士固不能一日忘情也。元順帝時，四方發難者蜂起。欒城韓山童，自其祖父以白蓮會燒香聚衆得罪，至是倡言天下大亂，彌勒佛下生。潁州劉福通等言山童實宋徽宗八世孫，當爲中國主，起兵以紅巾爲號。及山童被擒，立其子韓林兒爲帝，又號小明王，國號宋。當其盛也，中原以北，幾三分有二。林兒立十二年而敗。朱元璋因其年號，貪其疆土，遂滅元而代之，國號明。試觀明代之所以稱明，可見小明王之深得人心及其運動成蹟之偉大，惟以迷信邪教，故終無所成。

明代萬曆，天啓年間，滿淸崛起，常擾明疆。明室因用兵需費，故於正賦之外，加徵遼餉。奸相權閹，乘機斂財，民不聊生，囂然思逞。初，薊州人王森倡白蓮教，言嘗救一狐，狐斷尾令藏之，招人人聞異香，多附之，自稱聞香教主。其徒有大小傳頭及會主諸號。畿輔，山東，山西，河南，陝西，四川，皆有其黨羽。後森斃於獄。其子好賢及鉅野徐鴻儒，武邑于弘志等傳其衣鉢，結黨益衆。而于弘志則以榛篚會聚衆，好賢宏志鴻儒相約三方同起。天啓二年五月，鴻儒以事洩先發，其黨曹州張世佩等號四大金剛，身旁藏紙人數千。艾山劉永民稱安民王，以二十八人塗面，稱二十八宿，聚黨二萬餘人應之。鴻儒擾山東七閱月，後被擒，臨刑歎曰：『我與王好賢父子，經營二十餘年，徒屬不下二百萬。更遲數日，又孰敢攖吾鋒耶？』後于宏志王好賢亦皆被獲。是役也，實外患壓迫、民生交困，有以致之。

第二節　嘉慶間之白蓮教

滿清入主中國，一部分明末遺民，暗結黨會，密謀光復。白蓮教即此種黨會之一。歷清初四代而至嘉慶，遂有白蓮教之役。先是乾隆中葉，白蓮教黨屢被破獲。然教徒頗具百折不回精神，未嘗怵於專制淫威，而中止其運動。及乾隆末年，安徽劉松爲教中領袖，事發被捕，遣戍甘肅。其徒劉之協宋之清等分赴川陝湖北一帶布教。黨徒日衆，遂倡言刼運將至，以河南鹿邑王發生僞爲明裔朱姓，奉之爲主。事覺、被捕；而劉之協乘間逃脫。朝廷下令大索，州縣官逐戶搜緝，輾轉株連，教徒不能自安。嘉慶元年、枝江聶傑人宜都張正謨遂起事。湖北之長樂長楊當陽等縣教徒大起，皆以「官逼民反」爲詞。而四川陝西諸教徒，亦乘機起事。亂事遂蔓延湖北四川陝西甘肅河南五省。清室糜銀二萬萬兩、竭全力以平之。至嘉慶七年，教徒遂不復能與清廷抗。

然白蓮教中人暗中之運動，則未或中輟也。於是造作經卷畫像，流布內地，多分支派。其傳習畿南一帶者，有八卦，榮華，紅陽，白陽，諸目，而八卦教教徒尤衆。遍布直隸河南山東山西諸省，以河南滑縣李文成，直隸大興林清爲之魁，更名曰天理教。文成黨與數萬，最盛。林清居近宮禁，賄通內侍外倚文成之衆爲援。嘉慶十六年，慧星見西北方，欽天監謂其占主兵，乃將十八年閏八月移至次年二月。教徒附會之，以爲閏八月不利之兆。又以白蓮教經典有「二八中秋黃花落地」之語。乃故神其說，謂據星象，應在九月十五日午時，將乘嘉慶帝幸木蘭時，據京師。滑縣令强克捷探知之，密封白巡撫高杞，衞輝府知府郎應騏，皆不應。克捷乃捕文成，斷其脛，下之獄。教徒以事迫不及待，遂於嘉慶十八年九月初七日聚衆三千，破滑縣，殺克捷，出文成於獄。於是直隸之長垣東明，山東之曹定陶金鄉諸縣教徒，同時殺官圍城，而據曹及定陶二縣。

李文成既起事，林清之黨曹福昌，度十七日嘉慶帝次日澗，留守諸王大臣且出扈，欲以是日乘虛竊發。而清狃於經纖，不欲改期。密令教徒二百餘，以十五日集北京外城之菜市，由宣武門潛入內城，各藏兵器，雜酒肆中；待日脯則分攻禁城之東西華門。約太監劉得才，楊進忠等分道引入閻進喜等爲內應，而自伏黃村。至期，東華門護軍覘其異，遽閉關：教黨闌入者僅十餘人，餘悉奔散。其入西華門者八十餘人，反關以拒清兵。教徒得內監嚮導，已知大內在西，而誤由尚衣監文穎館斬關入。侍衞急閉隆宗門，遂不得入。總管太監常永貴，縛由東華門入之二人於倉震門。皇子等方在上書房讀書，皇次子綿寧（卽道光帝）命諸太監登垣瞭望。教徒有手執白旗攀垣將踰養心門以入者，綿寧發鎗擊之，再發再中。教徒不敢進，將火隆宗門；適諸王大臣率兵入，戰敗於中和門；教徒皆就擒。十七日，林清被擒於黃村。時李文成猶據滑縣。十一月，清兵圍之，文成自焚死。

第三節　八卦教及義和拳之起原

嘉慶間四川陝西湖北之役，及林清之役，事雖不成，亦可謂轟轟烈烈，極運動之能事矣。是皆教徒數十年間百計經營之結果，固非一朝一夕之功也。今以勞乃宣義和拳教門源流考所引諸公牘爲根據、將歷次教案，分列於下，俾知乾嘉間白蓮教徒積極運動之精神。惟據官書以敍祕密結社之歷史，徵信必難，然八卦教及義和團之原委，或可以窺見一斑也。

嘉慶十三年七月上諭有『近日江南之潁州府、亳州、徐州府；河南之歸德府；山東之曹州府、沂州府、兗州府一帶；多有無賴棍徒，拽刀聚衆，設立順刀會、虎尾鞭、義和拳、八卦教名目、橫行鄉曲』諸語，可知義和拳在嘉慶十三年，已甚活動。

嘉慶二十年那彥成摺云：『奉上諭、「王秉衡卽王景曾，其族分住直隸灤州及盧龍縣等處，以大乘教清茶門分往外省傳徒。玆王秉衡自直隸至楚省，復來江南傳徒，釀成巨案，著那彥成派員將王姓族中傳教之人全數收捕、勿令兔脫欽此。」臣派員在石佛口盧龍安家樓莊，訪獲自江南回籍之王殿魁並其子王朝萬。據王殿魁供認于乾隆五十七年，卽在淮安溧水泗州江寧等處傳徒、伊卽在山陽（淮安府首縣）開糧食店，五六年回家一次；並供出伊族人在湖北傳教共有三人，一名王書魯，一名王泳太，一名王興建。王書魯卽王景曾，又名王大鼻子；先在江南儀徵縣傳教，卽在彼住家。又有王如青之次子小名來子，在山西傳教。又據委員拿獲王三樂王三畏供稱伊兄王三顧，從前曾往山西。又有王紹英者，曾在山西傳教犯案。又查辦過王烈案內，又有王際昌王漢倬王秉鈞三犯』云云。

摺中又敍八卦教之大略云：

震卦教　首先傳教者，爲山東菏澤縣人王中，乾隆三十七年被捕。在教者，均稱東方震宮王老爺門下。滑縣李文成等屬此派。

坎卦教　首先傳教者，爲山東寧陽縣人孔萬林，乾隆三十七年被捕。在教者均稱北方元上坎宮孔老爺門下。林淸徒黨屬此派。

離卦教　首先傳教者，爲河南商邱縣人郜生文，乾隆三十六年被捕。凡在大乘教，金丹八卦教，義和門，如意門等教者，均稱南方離宮頭殿眞人郜老爺門下。

八卦之中，僅得其三，其餘五派，未曾敍及；或者未被官廳發現歟？抑自始未能盛行歟？今已無考。

摺中又詳述歷次教案如左：

嘉慶十六年，鉅鹿縣人孫維儉，以吳二瓦罐所傳之好話教，卽離卦教，改名大乘教，賄串孔傳標，借修尼山祠宇爲名，惑衆斂財，一案將大會首孫維儉等五名分別擬以絞決監條。二會首宋連捷等九十餘名，連吳二瓦罐一併擬遣。其散會首盧珍明等一千六百三十餘名，取具悔結存記檔案，再犯加等治罪。

嘉慶十七年，前案內散會首劉幗名等三十餘名，復圖興教，雕造寶印，蓋護道榜文。拿獲分別斬決發遣。

是年又拿獲灤州李家套八董懷信等三十餘名、傳習金丹八卦教，入教男婦五千一百餘名，將董懷信等分別斬決發遣。其餘男婦，取具悔結存案。

嘉慶十八年冬間，大乘教案內擬絞監禁之大會首李經，在監勾結同教田克岐散旗謀反。

是年又獲八卦教首張九成楊遇山宿元謨劉坤，並河南離卦教首郜生文之孫郜坦照劉功，分案擬以凌遲斬遣，

摺中又云，除陸續孥獲滑縣潛逃從逆各犯，並林清案內應行緣坐餘黨不敍外，其離卦一教，仍未改悔之案如下：

安平縣傳習離卦教之楊俊等被獲，究出首先傳教吳二瓦罐之子仍當少當家之吳洛雲，並其徒大頭目路連等一案。

交河縣傳習一炷香離卦教之齊聞章等，搜出違背十王經卷一案。

滄州之吳久治路老等傳習佛門教一案。

青縣之季八葉幅明等，傳習義和門教一案。

青縣之邊二，從習白陽教，預知反情一案。

景州葛錫華等，從習離卦教預知反情一案。

祁州邢士魁等傳習如意教，搜獲掛號總册一案。

故城縣葛立業傳習義和門拳棒，預知反情一案。

青縣尤明等傳習義和門離卦教一案。

東鹿縣馬楊氏傳習紅陽教，搜獲飄高老祖經一案。

統觀那彥成摺中所敍案件，除李文成林淸屬震坎二教外，其餘各案皆屬離卦教派之運動。其支派則有大乘教，（又名好話教）金丹八卦教，紅陽教，白陽教，如意教，佛門教，義和門教。而傳大乘教清茶門之石佛口王姓，幾于全族從事運動，歷年久遠，蔓延直隸山西湖北安徽等省，屢被捕殺，終不稍懈。世俗訛稱王姓曰王古佛。且附會其說曰，其人生而有文在其手曰古佛云。光緒庚子，報載王姓只存一女，尤守此教，極受教徒之崇拜云。

觀嘉慶十三年上諭，及青縣之季八葉幅明尤明，故城縣葛立業等案，則義和拳在嘉慶時，已極活動。然義和拳實不始於乾嘉時代。考雍正五年十一月上諭有『向來常有演習拳棒之人，自號教師召誘徒衆』『甚且有以行教爲名』諸語。既云『演習拳棒，』又云『以行教爲名，』則其爲八卦教之義和拳殆無可疑。又云『向來常有，』則又非始於雍正五年矣。義和拳或謂始名梅花拳，或謂原名金鐘罩，或謂初名奚吳拳，係奚姓吳姓兩村所創；蓋傳習既久，隨時隨地而異名耳。其詳已不可考矣。

第二章　義和團興起之原因

第一節　列強武力之壓迫

義和拳固以反清為宗旨者，至光緒庚子，乃忽昌言保清何耶？豈其民族主義，日久消亡，如洪門三合會之化為保皇黨耶？抑以敵國外患相逼而來，欲救燃眉之急，乃不得不利用清室耶？然觀其以明裔朱紅燈為首，似未曾數典而忘祖也。祕密黨會之歷史，原非外人所能道，然其排斥異族維護主權之主旨，固始終未渝也。今試略述清代之外患。

道光二十二年，鴉片之役，英人以迫售鴉片之故而戰勝吾國，城下之盟，成南京條約，割我香港、逼我開廣州等五口商埠，償銀二千一百萬兩。咸豐六七年間，廣州人民，拒其入城，英人聯合法軍，陷廣州，陷天津，陷北京，焚圓明園，迫成北京條約，加開商埠，償銀一千二百萬兩。於是士庶莫不切齒於英。中俄愛琿條約，既奪我黑龍江以北地，及北京條約成，又奪我烏蘇里江興凱湖白稜河瑚布圖河，琿春河圖們江以東，東西廣四千餘里、南北長二千餘里之地。

於是士庶莫不切齒於俄。安南，我之舊屬也，光緒七年，中法之役，而安南歸於法。暹羅，我之朝貢國也，英法協約成而迫我許其獨立。琉球，世受封於中國者也，光緒五年，日本夷之爲縣。朝鮮，我國東北之藩籬也，光緒甲午之役，割我台灣，迫我認朝鮮自主，並償軍費二萬萬兩。繼是則瓜分之說，遍傳衆口，無何而德國強佔膠州灣，俄國強租旅順大連灣，英國強租威海衞，法國強租廣州灣，意國亦索三門灣，人皆刀俎，我爲魚肉，蠶食鯨吞，不可終日。於是人民凡見異言異服碧眼黃鬚者，以爲是皆我之仇也。此義和團所以興起之一大原因也。

第二節　天主教士之驕橫

明萬歷間，意大利人利瑪竇來華傳天主教，不禁教徒祭祖，教徒達數十萬；繼爲羅馬教皇所干涉，於是天主教始不爲中國人士所喜；清代亦嚴禁焉。道光二十三年，議和於南京，迫將西人傳教特權載入條約。二十五年，復狥法人之請，增訂條約數端，然亦惟通商口岸許立天主教堂，教士之入內地者由地方官優待之而已。時有一法教士，隨使爲翻譯官，於華文中私竄入『法國教士又得在各省任意購賃地段建築房屋，』數語。吾國政府事後知之，已不及更正。外人既以兵艦之力，欺蒙之術，攫得傳教之權；於是從事於偵探政俗，干涉法案，藐視官長，欺侮平民諸舉動。吾國之無知愚民，亦往往以入基督教爲逋逃藪，依仗外勢，魚肉同胞。加以各地教堂終年扃閉，異常祕密。教徒有疾病將死者，每按彼教之習，以水沃額而封其目；於是挖眼剖心之說，哄傳於我不知底蘊之華人間，而教禍始矣。

咸豐八年，廣西西林知縣張鳴鳳，處治法國馬神父，法領事訴於京師，褫鳴鳳職。同治元年，湖南江西拆毀教堂，知縣皆革職，並勒限賠修，嚴懲禍首。貴州殺害教士文乃爾等，巡撫田興恕至於遣戍。六年及八年，四川毆斃教士馮弼樂、李國兩案，皆懲犯償銀；而教民殺死平民，及姦擄焚殺首惡王學鼎、張添興等，終不到案。其司鐸覃輔臣糾衆殺斃人民趙永林等二百餘名，地方官不能查辦。官吏愈畏縮，教士愈強橫，人民亦遂愈忿怒，仇教之事，遂紛然以起。

同治八年四月，天津有匪人迷拐人口，並傳言有挖眼剖心等事；獲犯武蘭珍供爲教民王三所使。時崇厚在津辦理通商，與法領事豐大業等商定，令道府縣帶同武蘭珍赴堂指勘。所歷地方房屋，與供不符，亦卽帶犯歸。旋聞民人在教堂口角爭毆，正派弁前往彈壓；忽豐大業洶洶來署，向崇厚施放手鎗，並向知縣劉傑放鎗，擊死知縣僕從一名。於是人民奮起，毆死豐大業，焚毀教堂，拆毀仁慈堂，殺傷教民及貞女數十人。法人籍端要挾，聯合英美，挾兵力以迫政府。政府大懼，乃遣崇厚赴法爲道歉，使賠修教堂，知府張光藻，知縣劉傑，發往黑龍江充軍，滋事人犯正法者二十，軍徒者二十五。是役也，法重情輕，論者寃之。而天津附近地方見聞較切者，尤忿激焉。此又義和團所以興起之一大原因也。惟耶蘇教教士素甚和平，然在庚子年間，亦與天主教同受其禍；則又因吾國人當時尙不辨天主耶蘇之分爲兩家故也。

第三節　朝野信拳之緣起

天津教案後，吾國官吏愈益畏縮，天主教士愈益驕橫，民教相爭，平民無得直者；一旦激成教案，則吾國政府又每以賠款懲犯了之。於是莠民入教者愈多，良民被迫也亦愈甚。人民正在呼籲無門，有寃莫訴之際，於是八卦教之說以售，而義和拳之黨以興。加以庚子以前之輿論，皆以爲『皇帝怕洋人，洋人怕百姓；』又以爲洋人少而華人衆，以十敵一，無不勝理。人民心理，既皆如是；又得義和團神奇之說以壯其膽，其仇外之心驟然有所歸宿，此義和團之發展所以一經政府提倡，遂有一日千里之勢也。

民氣之激昂既如是矣。而當時獨攬吾國政權之慈禧太后所以信任義和團者，亦有數因：（一）中國之見抑於外人也垂六十年，清廷固早思一雪其恥。及戊戌政變，黨人逃遁，外人庇之；慈禧大恨。己亥之冬，慈禧謀廢德宗、先立端王載漪之子溥儁爲大阿哥。南方紳商經元善等連合三千餘人上書抗議。太后逮元善，元善走澳門，屢索不得；太后又大恨。大阿哥之立也，太后諷各國駐京公使入賀，各國公使不理；太后更大恨。然欲謀報復、則器械兵士均不如外人之精良、無如之何也。及聞義和團僅用刀矛，不畏鎗砲，太后乃大喜。（二）滿人入關二百餘年，無日不猜疑漢人，而漢人之民衆團體，尤所深忌。義和團知其然也，故自動倡「扶清滅洋」之說以釋其疑、於是滿人乃倚之如腹心矣。（三）戊戌政變以後，士大夫之有世界智識者，多被斥逐、而當時之執政者，則舍戲劇外殆無智識，舍小說外殆無學術也。故當義和團荒誕之說大起時、端王剛毅諸人皆迷信之、而日慫恿於慈禧之側。有此數因，義和團運動乃如水之就下、其勢不能再遏矣。

第三章　義和團之內容

第一節　義和團之首領及其慣例

義和團既無組織、更無訓練，惟能以神怪之說，祛愚人恐懼之心而鼓其勇氣耳。玆以其鼓動愚民之效力甚大也特詳述之如下：

義和拳本拳術之一種，繼以習者日衆，改名曰義和團。每傳拳法、必集二十五人爲一團。團有團首團員聚散皆從其令。相傳總首領李來中陝西人；或謂總首領曰王覺一，居四川；天津人則謂祖師居四川峨嵋山，今已二百餘歲；或謂實即石佛口王姓。京城首領曰韓八，曾充吏部經承，好登場演劇。山東首領曰朱紅燈及僧心誠；或謂山東首領曰徐天吉。天津首領張德臣曹福田，津人稱其有隱身法，有土遁法，有分身法。裕祿奏疏中所謂有志向上者也。其餘各地首領，殆難悉數。蓋義和團本係烏合之衆、實無統馭全體之首領，載勛剛毅雖有統帥之名，亦實無指揮團衆之權也。

團衆稱其首領曰大師，曰老師父；小首領曰大師兄，二師兄。呼外人曰大毛子。中國人之信外教用外貨者爲二毛子。或云教民及從事洋務者爲二毛子，用外貨者爲三毛子。或謂其中詳細區別，有十毛之目。凡屬毛子，殺之無赦。若洋紙洋傘洋襪洋燈等用者輒置極刑。有因鉛筆一枝洋紙一張而死於非命者。其被拘而不自承爲二毛子者，即焚表以決於神；如紙不飛昇，即以爲眞二毛子，必殺之。其實紙有厚薄，纏有鬆緊，薄者鬆者易升，不然者沉、皆得隨意爲之、初不足據也。

義和團既惡洋貨，故兵械亦尚舊式刀矛。京市舊式刀鎗，售賣罄盡，重價難購。各鐵鋪日夜趕造，供不應求。庚子五月二十七日上諭，曾令分飭各營旂將舊存鎗砲刀矛，趕緊修理，以備民團領用。及聶士成陣亡，又一再降諭令各路統兵大臣凡夙習洋操及用洋裝洋式口號者，務即悉數更換，一律仍歸舊日兵制。尤可笑者，天津拳首曹福田臨陣手執二尺許秫稭告人曰：『衆視吾所執秫稭，其實乃玉皇所賜之寶劍也。吾在陣前，對敵軍一指，敵首即紛紛自墜矣。』以故練拳童子之無刀矛者，輒以秫桿爲兵器焉。

義和團頭目

義和團之服飾，以紅巾蒙首；餘布二尺，懸於腦後；胸繫八卦兜肚。團中分乾坎二門，乾門色尚黃，頭包黃布，以花布爲裏；腰束黃帶，左右足脛亦各繫指許闊黃帶一。坎門則色尚紅，頭布腰帶足脛之帶皆紅。其在壇中以叩頭爲主，晨起入壇時，演習時，出巡時，路遇壇廟時，歸壇時，臨陣時，及一飲一食，皆須向神叩首。晚亦如之。其叩首以多爲貴，以響爲要，人數既多，每一叩首，隆隆之聲，震於遐邇。團中又重燒香，除壇中自燒外，復令民家燒之，京中香店之香，爲之銷售一空。

第二節　降神及咒術

義和團中人，自謂其初祖名憂世先師，深憂基督教之害國，思得撲滅之法，竊詔江右張眞人求助。眞人不應，固請之，眞人使問某洞地仙；地仙感其誠，使弟子十八助之、且授以金丹祕法與拳法；服此金丹，則入水不溺，入火不燬云。義和團所奉之神不一，如洪鈞老祖黎山聖母關雲長張翼德趙子龍周倉姜太公諸葛亮李太白黃天霸馬武楊香武之類，皆尋常戲劇小說中所常見，爲一般愚民所共知者也。

義和團之傳術也，法極簡單，一日卽成。其法先畫地作圈，令習者作三揖，畢，閉目僵立；授者提耳念念有詞；未幾，仆仆而起，則任意揮擊，不仆者擯棄不教。有見其授術者云，先聚童子數人，立向東南，教者念咒，或令童子自念咒畢、童子卽倒地，氣幾不續；未幾躍然而起，自報姓名，各人不同，要皆前朝英傑也。報畢，卽作拳勢，往來舞蹈，或持竹竿秫楷木梃等物、長者以當長鎗大戟，短者以當雙劍單刀，各分門路，支撑衝突，勢極兇悍，幾於勇不可當；實則如醉如夢耳。其初學之一二日，由臥躍起，仍閉目跳舞；舞畢，欲退，則向南三揖，口稱老師父請回。或教者向該童背心一拍，呼童本名，童子卽復如常。由是練至數日之外，卽不必仰臥，不必闔睛，欲演拳時，惟念咒一通，卽時手舞足蹈，極超距之能事。

降神之法，乾門中每一人入壇，即俯伏壇前，由大師兄爲之焚符誦咒，令其人堅合上下齒，從口呼吸，俄而口吐白沫，即爲神降之徵。蓋如此則上陣時，氣急不可耐，故前奔也。坎門請神，與此略同，惟使其跳躍，待其氣喘，以爲神降之徵。團中又謂降神有明體緣體二式。明體者，神降後尚自知覺，不至昏迷；緣體者，謂人與神有緣，不需作法，僅一頓足，一存想，而神即下。平時練習，有渾功清功之別；渾功以百日練成，謂能避鎗砲。清功以四百日練成，謂能飛升上天云。臨陣時身帶小黃紙一，上畫一像，非佛非鬼，有頭無足，手尖銳，眉眼開展，頭之四週有光，耳際腰間作狗牙屈曲狀，心以下書字一行，文曰『雲涼佛前心玄火神後心』。口中誦咒曰『左青龍，右白虎，雲涼佛前心，玄火神後心，先請天王將，後請黑煞神。』

義和團之咒語不一，字句亦多少不等，語多鄙俚而不可解。茲舉數例如下：『快馬一鞭，幾山老君，一指天門開，二指地門來，要學武技，請師傳來。』『日出東方一滴油，驚動弟兄天下行，弟兄驚動李君王，李君王驚動楊二郎，楊二郎驚動封炮王，封炮王驚動老君來顯靈。』『清清皈命禮，奉請龍王三太子，馬朝師，馬繼潮師，天光老師，地光老師，日光老師，月光老師，長棍老師，短棍老師，要請孫行者，（或猪八戒，或黃天霸，隨口呼之）無論何人，見鎗弄鎗，見刀弄刀，聽我號令，即便施行。」天津又相傳義和團眞咒凡十九字，天津各少年僅知三字，能知七八字即能敵萬人，能知十六七字，欲拖倒洋房亦易易云。或謂初入團時，授以十八字咒，設能如法仆地，再教以百餘字之咒云。

第三節　義和團宣傳之方法

義和團又宣傳種種神怪之說以惑人，團中人傳謂老師每人給錢二百，無論如何費用，永不能盡。團中用一銅釜造飯，容米二升許，數千萬人，隨取隨滿，永無盡時。又謂老師居山東深山中，派大師兄數人下山傳道。欲有所言，一焚表老師即知；或欲調別團，焚表即至。大師兄一舉步六十里，雖數萬里頃刻即至。又謂凡團中人各有一星照命，或猴或狐或虎等類。其爲猴星助命者，則能於高大房廊，一躍而過；狐則目光炯炯，雖遠亦見。

團民之燒鐵路也，分遣多人，預伏各處，掘起枕木，加以易燒之物，同時並舉，乃自詡爲神術。其燒屋也，亦自言有神術，隨手所指，或火從刀出，或屋自發火。其實使人先入屋中，潛以洋油澆壁，或積草成堆，懷中出火燃之。後來相傳法術益大，凡焚人房屋，但向東南作三揖，口中念曰燒燒燒，其屋卽燃。並云法力大者，揖亦不必作，僅於掌中書一井字，加書一焚字，其屋卽燃。奉教之家，見火卽燃；中有不奉教者，火卽繞道燒去，房屋仍完好。

津人或勸與外人罷兵，曹福田曰：『此事我不能主也。玉皇大帝已派神兵下界，南天門已開，天兵天將已到，如何能止戰乎？』問兵將由何人統率，曰：『皆歸我統帶，且有關帝爲先鋒，李天王爲後隊。』當時又風傳在溫泉山煤洞中掘出前明劉基所書石碑一方，其文曰：『庚子之年，日照重陰。君非桀紂，奈佐非人。最恨和約，誤國殃民。上行下效，民冤不伸。原忍至今，羽翼洋人。趨炎附勢，肆虐同羣。逢天曹怒，假手良民。紅燈下照，民不迷津。義和明教，不約同心。金重漂洋孽，時逢本命宮。待當重九日，剪草自除根。』

當時此類無稽之談，風靡一世，筆難盡述。婦孺鄉愚信之，尚可說也；而朝中所謂大臣者，亦竟謂義和團天生奇材，有無窮法術，西兵如欲進京，不必阻止，聽其與團匪打仗，俾知團民之利害云。他日外兵四百餘人得以長驅入京者，職是故也。

第四節　紅燈照

婦女之入團者曰紅燈照。相傳紅燈照練習四十八日而成；既成則能飛行空際，縱火焚西人之樓云。其始有年老孀婦，設壇授法，閨女數十輩，環立受法；既受法，稱為大師姐。設壇時懸紅燈於門，按人數以定燈之多寡，謂道成之後，燈即不見，身臥床上，能數日不食。相傳傳術時，以十餘歲女孩立池旁，師誦咒數周，女孩即能步行水上，鞋底不濡，手執一燈，騰身漸高，燈亦漸多，至數丈外，燈影可至數十。習此藝術，可遠赴東洋，索還讓地並賠款云。故一時貴人婦女多習之。女童習紅燈照，婦人習藍燈照。降體之神，多小說中樊梨花劉金定之類。其大

紅燈照

首領曰黃蓮聖母，相傳實一船家女，小名黑兒，或謂係勾欄中之鴇母。聖母宣言能醫病醫傷，淸水一洒，傷病者愈，死者復活云。又有董二姑，劉三姑，董則董福祥之妹，劉則劉永福之妹也。相傳紅燈照皆於夜間出外行事，日間不見蹤跡。

第五節　義和團之眞相

不畏鎗砲之說，未嘗無根：按諸吾國技擊，確有能使刀鎗不入之術。然其支持之時間頗短，不能持久；其抵禦之力甚微、非任何鎗砲皆不能入；而且必熟練始能，非一學卽成，亦非盡人皆能之。是則所謂不畏鎗砲者亦小技耳，非可以大用者。至團民行爲方面，相傳初起時人數不多，其中不無俠義少年，眞能不避勞怨，有古人風。迨毓賢提倡之後，地痞流氓、漸次參入、義和拳之眞相，遂漸次失去矣。

第二篇　義和團極盛時期

第一章　宣戰前後之義和團

第一節　義和團之發展

義和團之起於山東也，其勢甚微；及政府予以援助，乃有迅速之發展。而義和團所以能致清室之援助者，亦自有故。團中老師每誡弟子『毋貪財；毋好色，毋違父母命，毋犯朝廷法，滅洋人，殺贓官，行於市必俯首，不可左右顧，遇同道則合十。』驟視之下，似義和團頗具有高尚之道德，與嚴格之法律。加以信拳大臣力言其爲術之神、已徵實可信。於是慈禧太后遂深以拳民之道德法術爲可恃；故優加保育以備待時而動。初不意其人衆既多，無人統率，遂致焚燒刧殺，無所不爲也，

今試詳述清廷力助義和團之事蹟如左：

義和團一名大刀會，發源於山東，彌漫於清平冠定陶等縣，光緒二十五年二月，滿人毓賢補授山東巡撫，聞其以扶清滅洋為主旨也，一意主撫。某日道出兗州，義和團出迎。毓賢賞以銀兩，曰：「善習爾術，將為國家大用」，並令義和拳民在按察司衙設廠，教授兵勇拳藝。義和團既得封疆大吏之助，於是高張紅旗，遍設拳廠，僅茌平縣治八百六十餘莊，習拳者多至八百餘處。以朱紅燈與僧人心誠為之首。毓賢又密奏朝廷，謂拳民具神力，能避鎗砲，力勝洋兵，並選拳民數人，發往京師，教徒授法。是年四月，法人鮑能赴蒙古，蒙古王曰，非今年則明年，亂事將興，敝境天主堂勢將不保，請先報貴國，勿以予保護不力為怪。此言見法國黃書，蓋清室從毓賢計，固早有定議矣。

是年十一月，各國公使因沂州教案，迫政府撤毓賢任。繼毓賢者為袁世凱，一意主剿，拳民遂入直隸。直隸之天主教堂，一縣有多至數十處者；一村教民有多至千餘人者，倚勢凌人，素犯眾怒。及義和團入境，極受歡迎，而習者日眾。毓賢之去職也，非政府意；政府以大臣黜陟之權，操於外人之手，憤甚。毓賢則貽書朝貴，略謂今國勢日衰，由於民志未伸，若殺拳民，無異自剪羽翼。軍機大臣剛毅深然其說；端王載漪，亦因外使之不賀立大阿哥也，欲賴義和團以一洩其忿。

是時魯直兩省，教案極多，政府恐義和團被地方長官之壓抑，乃於光緒二十五年十二月降諭云：『近來各省教案迭出，言者多指爲會匪；因念會亦有別，不逞之徒，結黨聯盟，固屬法所不容；若安分良民，習技藝而聯村衆，以互保閭里，地方官不加分別，概目爲會匪，以致良莠不分，民心惶惑，非民氣之不靜，實辦理之不善也』是時山東巡撫，電奏義和拳延及直隸省境。太后降諭，僅云朝廷不忍不教而誅，著督撫出示曉諭禁止。直督裕祿知朝廷意旨，只以一紙公文塞責。二三月間，直隸北境，已無地無義和團。尤以保定附近爲最衆，天津則徧貼揭帖，聲言將攻租界。而城廂內外習拳者亦日多；詢以何用，則皆曰備殺洋人也。清廷諭旨仍云：『鄉民設團自衞，保護身家，原可聽其自便』云。

清廷提倡義和團，義和團有恃無恐，故屢抗官兵，而以淶水殺官之案爲最甚。淶水縣武舉人某嘗與教民訟，不得直，且罰之。某忿甚，破家傾產，聘義和拳師數人至淶水教拳。教民報於官，縣令祝芾請兵直督裕祿不得已，派副將楊福同往。拳民大恐，遂焚教堂。楊福同未知政府意，擊殺多人；次日福同與拳民戰，中伏而亡。清廷怒不予卹典。

北方河道甚少，故趕車者，馱運者，及保護客貨之鏢師，數以萬計；此皆下流社會中之狡悍者也。時京津一帶，鐵路業已告成，政府不知爲若輩預籌生計，於是車夫，船夫，運夫，鏢師同時失業者，千人萬人。若輩不知國家交通政策，羣以爲鐵路電線皆洋人禍中國者。四五月間，焚琉璃河長辛店蘆溝橋豐台等處車站，並截斷沿路電線，共八十餘里。焚毀鐵路附近一帶教堂。外國工程師多遭殺害。清廷乃連發諭旨數道，令保護教堂，對義和團只令相機勦辦。並謂教民武斷鄉曲，致使積忿已深，遂有拳民倡立團會，團民中有游勇會匪溷跡其間，始敢借端肆擾云云。而終則諄諄以嚴拿首要解散脅從爲言，蓋實不欲勦辦也。

第二節　義和團肆虐於北京

義和團固民衆運動之雛形也。然無眞正之黨魁，無一定之軌道。入團之始無資格，入團之後無統率。而政府又假以仇殺教民之權，故無人不可入團，入團皆可殺人，此義和團致亂之大原因也。茲將入京後之狀況，略述於下：

庚子二三月間，端王所統虎衛軍八千人，已與義和團通聲氣。三月杪，京師徧貼揭帖，謂將與教堂爲難。有自號義和團拳師者，集衆小兒沿街練拳，或詰之，則自稱爲扶淸滅洋大會；某某大員，皆爲首領，吾輩奉命教練童子若干萬人云。五月初，直隸義和團，焚毀鐵路後，占據涿州等縣。太后命刑部尙書趙舒翹、大學士剛毅、順天府尹何乃瑩前往勸散。剛毅等勸之無效，惟張貼告示數紙而回。覆命時言觀其操練，甚覺奇異，連擊以鎗，毫無所傷；天降團民以滅洋人，請卽收爲團練，以端王統之云云。太監李蓮英亦贊成其說，乃密令召集入京，至者數萬人。五月十三日，太后由頤和園還宮，沿路排列拳民爲護衛，太后賞銀二千兩。直督裕祿望風承旨，拳民入見，待以賓禮，並奏請錄用團中首領曹福田、張德成、韓以禮、文霸之、王德成等。太后召義和團入宮，親自試驗，亦覺不謬。乃召見總首領李來中、大師兄曹福田，獎其義勇。於是宮中內侍、宮女亦皆習拳。滿漢各營卒入團者居其大半。親貴爭相信從，王公府第皆招拳民各數百人入居之，謂之保護。城中到處設壇，一街有至數壇者。大寺觀皆設大壇，並令居民燒香，香煙滿城，結爲黑霧。士夫思避禍或思媚載漪者，亦設壇於家。家家門上，皆貼有紅條，曰信奉拳團。大學士徐桐，尚書崇綺信仰尤篤。載漪邸中亦設壇，晨夕虔拜。太后亦祠之禁中，日誦其咒。滿人中惟榮祿最猾，雖不信拳，但爲諂事太后計，亦阿附其說。甘肅提督董福祥本降匪，所部甘勇，亦多匪類。戊戌政變後，榮祿召來，使駐南苑。至是奉詔入京，使攻使館。榮祿致董福祥函云：『星五仁弟，得書已悉，具見忠憤。各夷欺凌我國甚矣！近來尤多干預挾制，令吾辦內事不便，尤可憤恨。義和團法術神奇，不畏刀鎗，極熱心嫉惡洋人，眞天助也。彼族醜類，在此無多，誓當盡屠逐之。弟以忠勇將才，命世所部精銳，素抱屠滅諸夷之志。今有義民相助，可善撫用，助以軍械，俾之拒敵，建不世之功，無失機會也。』後榮祿知義和團之術不驗，又表示反對，以見好於外人。

義和團既得勢，僕隸車夫棄業從之，主人不敢慢，或更藉其保護。達官貴人，有不得已而步行者。近邑無賴，紛趨都下，乘勢焚殺，大局遂不可收拾矣。

義和團既以仇殺教民爲事，夙所不快，即指爲教民而殺之。其殺人也，備諸酷虐；剉舂，燒磨，活埋，炮烹，支解，腰斬，無所不爲。有將教民婦女倒埋於地，而露其下體，以爲笑樂者。京西天主堂墳地悉行發掘，利瑪竇龐迪我湯若望南懷仁諸墓，無一免者。五月十二日上諭云：『近來京城地面往往有無賴之徒，三五成羣，執持刀械，游行街市，聚散無常，實屬不成事體，著立卽嚴拿懲辦。』此諭雖出，亦無效果。後又兩下上諭，略云：『昨日夜間，各處焚掠如舊，且有奸宄從中煽惑，竟敢明日張膽，沿途喊殺，持械尋仇，任意殺害情事；若不嚴行懲辦，爲禍將不堪設想。』又曰：『僞義和團，戕害人民，必當正法；眞義和團，仍當同心禦侮。』蓋團民中之童子及鄉愚，類皆意志純潔，腦筋簡單，只知仇洋，無他作用，此卽詔旨所謂眞義和團也。但乘勢搶掠之暴徒，遂以爲朝廷縱其殺掠，而益無忌憚。

未幾，董軍與義和團合力攻教堂，並焚掠街市，火勢蔓延，外城繁盛街市四千餘家，同歸於燼，並延及前門外層城樓，又焚西單牌樓講書堂，延燒千餘家。焚東城一帶洋貨鋪，延燒四千餘家，煙燄三日不絕。各部衙門亦多焚燬。諸京官紛紛出京，籍隸南省者，向團首領路照，保其至直東二省交界處，不遇險害。其路照之價，視購者資財之多寡以定；少則銀五兩，多則數百兩。厥後復恣意刼掠京中大宅，日被搜查，雖一品大員，亦不能免。貝子溥倫，大學士孫家鼐，徐桐，尙書陳學棻，閣學貽穀，副都御史曾廣鑾，太常陳邦瑞皆被掠，僅以身免。徐桐貽穀皆附和拳團者。徐桐家眷被擄，徐長跪始免一死。

時朝命莊王載勛大學士剛毅統率義和團，命英年載瀾會同辦理。甘軍嘗獲一洋人獻莊邸，刑訊極酷，太后命賞此甘勇五百金。復逮教民數百皆於黎明時在莊邸外行刑，承審者爲貽穀芬車桂春，備極殘酷；而以芬車爲尤甚，時人謚之曰屠伯。拳民專殺自如，載勛剛毅並不敢問。都統慶恆一家十三口皆死。載漪素暱慶恆，亦不能庇也。義和團又指淸德宗爲教主，因帝戊戌變法也。信拳大臣日往來宮中，揚言欲得一龍二虎頭；一龍指帝，二虎指慶親王奕劻及李鴻章；奕劻爲總理各國事務衙門大臣，鴻章則時論所稱爲『通番賣國』者也。

庚子前之辦理外交機關，曰總理各國事務衙門。載漪嘗言若任彼掌總署，與外人交涉，必無困難之事。那桐上封事，請政府速向各國宣戰，勿待其援軍之至。啓秀預擬宣戰諭旨，呈請蓋璽。太后時雖持重未發，而心善諸人所爲。五月十四日，乃命載漪管理總理各國事務衙門，禮部侍郎啓秀工部左侍郎溥興內閣學士那桐均在總理各國事務衙門大臣上行走。於是開戰之舉，更積極進行。王培佑奏請發團民口糧，卽授順天府尹。何乃瑩言團民宜撫不宜剿，驟升副都御史。

第三節　義和團之勇敢

光緒二十五年夏秋之間，山東義和團，已有仇教之行動。十一月殺英國教士卜克斯於肥城。結果賠銀九千兩，給地五畝，立碑費五百兩，兇犯正法。是年冬，英法德美四公使，曾銜請禁拳團。庚子春，又函言中國如不禁止，各國將發兵來津，代爲平亂，以相恐喝；然猶以爲拳民無能爲也。庚子五月，各公使見義和團勢大，電召駐大沽口外之水兵入衞，到京者四百餘人。英國水師提督西摩爾，繼率英美德日法俄意七國軍隊三千餘人入京。是時鐵路已斷，隨修隨進，行至郎坊，團民奮不顧身，直偪火車，持矛猛擊。雖被英美兵隊兩面開炮，擊殺多人，而團民以肉體相縛，血肉橫飛，全無懼意。聯軍迤邐行至楊村，團民愈聚愈衆，西摩爾被圍數日，無法前進，只得退回天津。事後西摩爾曾批評義和團之勇氣，謂「義和團所用設爲西式槍炮，則所率聯軍，必全體覆沒』云。孫中山先生民權主義第五講亦云：『義和團的勇氣，始初是銳不可當的，』『雖是被聯軍打死幾萬人傷亡枕藉，還是前仆後繼，其勇銳之氣，殊不可當，眞是令人驚奇佩服。』云云。蓋臨陣者，實多年幼童子及二十歲上下豪俠之士，其禦敵也，實本諸愛國之熱忱，決非乘機刼掠者所可同日語也。斯時各國兵艦，羣集於大沽口外，議取大沽炮台。惟美艦不願開釁，退泊遠處。五月二十日，各國兵艦以哀的美敦書送交守台提督羅榮光，限次早交台。羅不允，是晚台上開炮攻擊西艦；俄德法英日五國海軍，均多死傷。西艦立卽還擊，相持六小時，北首第一炮台，爲日兵所佔，北邊外炮台爲英兵所據，既而南炮台懸德俄兩國旗幟，中國海容巡洋艦，及魚雷船四艘，爲西人所奪。羅榮光逃回天津，而大沽遂失。是役，也西人謂中國兵實未可輕視，以六國之師攻台，台上能支持六小時之久，可謂不易云。斯時京中尚未知大沽之失也。

第四節　殺杉山彬克林德

五月十五日，日本使館書記生杉山彬，聞日兵來京保護使館，乘車往迎。行至永定門，遇董福祥部下兵自南苑來，喝問何人，杉山彬以日使館書記官答。兵卽提其耳，令下車；營官喝破腹，一兵舉刀刺之，立卽倒斃；日使館舁屍入城，在使館殯殮。端王見董福祥，竟稱之爲好漢，

端王載漪

嘉其有膽也。二十三日午後，總署照會駐京各公使，謂據直督電告各國水師提督函索大沽炮台，不交則將攻取；似此各國顯已啓釁，請各公使率同眷屬隨員，於二十四點鐘內離京至津，逾期則恐難保護。各使答以各國提督逼索炮台事，實未知曉；來函限二十四點鐘，爲時太蹙，並不知途中能否無虞；若准西兵行抵京外，可前往附之，與之同行。並訂於二十四日午前九時，至總署與王大臣面議。總署接函未覆。二

十四日早各公使又致一函，請准用中國電線發電各提督，請西兵來京，護使往津。是晨各公使紛紛集議，德使克林德言欲親赴總署問究竟。他人皆尼其行、德使不聽。行至東單牌樓，載漪所統虎神營兵發鎗斃之。翻譯官高德士傷股，出轎，奔赴附近福音堂得免。先是莊王載勛曾出示懸賞殺外人，亂兵希賞，致有此變。戴漪當令以克林德首級梟示東安門，袁昶力爭乃止，並棺殮之。

第五節　宣戰前朝議之紛紜

直督裕祿奏報洋人力索大沽炮台，請政府卽與宣戰。太后怒甚，立召軍機會議。戴漪啓秀那桐復進呈僞造外交團照會一件，內言請太后歸政，廢大阿哥，並許聯軍入京，太后益怒。戴漪因請攻使館，榮祿諫阻之、太后使之退。復徧詢諸臣，皆主戰。太后復召見王公軍機六部九卿科道內務府大臣各旗都統，諭以協力報國。並宣德宗至，厲聲問帝意如何，帝答以請太后聽榮祿之言，勿攻使館，護送各使至津。而刑部尙書趙舒翹則請明發上諭，滅除內地洋人，以絕外人間諜。吏部左侍郎許景澄進曰：『中外締約數十年，民教相攻之事，無歲無之，然不過賠款而已，惟攻殺外國使臣必召釁端，倘各國協而謀我，何以禦之？』太常寺卿袁昶曰，『臣在總署供差有年，不信有請太后歸政之照會。』戴漪怒斥昶爲漢奸；太后命昶退。太常少卿張亨嘉亦力言義和團宜勦。倉場侍郎長萃大言曰此義民也，臣自通州來，通州無義民不保矣。戴漪翟均言長萃言善，人心不可失。並言董福祥善戰，勦回大著勞績，夷虜不足戮也。帝意終不稍動。侍郎朱祖謀力言福祥無賴，萬不可用。戴漪叱之。廷臣皆出，戴漪剛毅合疏言義民可恃，其術甚神，雪恥強中國，在此一舉。清廷乃命兵部尚書徐用儀，內閣學士聯元，及立山至使館告勿調兵來，兵來則決裂矣。次日復開御前會議，戴漪請圍攻使館，殺使臣，太后許之。聯元力言不可，太后怒欲斬之，左右救之而止。大學士王文韶諫亦不聽。

太后既決意主戰，載漪載勛載濂剛毅徐桐崇綺啓秀趙舒翹徐承煜王培佑又力贊之。當時上書言神怪者以百數。二十一日降諭，限各使當夕離京，着榮祿護送往津，旣又諭各使照常安居。二十五日宣佈開戰。詔旨云：

『我朝二百數十年，深仁厚澤，凡遠人來中國者，列祖列宗罔不待以懷柔。迨道光咸豐年間，俯准彼等互市，並乞在我國傳教，朝廷以其勸人爲善，勉允所請。初亦就我範圍，遵我約束，詎三十年來，恃我國仁厚，一意拊循，乃益肆梟張，欺凌我國家，侵犯我土地，蹂躪我人民，勒索我財物。朝廷稍加遷就，彼等負其凶橫，日甚一日，無所不至；小則欺壓平民，大則侮慢神聖。我國赤子，仇怨鬱結，人人欲得而甘心，此義勇焚燒教堂屠殺教民所由來也。

『朝廷仍不開釁，如前保護者，恐傷我人民耳。故再降旨申禁，保衛使館，加卹教民，故前日有拳民教民皆我赤子之諭，原爲民教解釋宿嫌，朝廷柔服遠人，至矣盡矣。乃彼等不知感激，反肆要挾，昨日復公然有杜士蘭照會，令我退出大沽口炮台，歸彼看管，否則以力襲取，危詞恫喝，意在肆其猖獗，震動畿輔。平日交鄰之道，我未嘗失禮於彼，彼自稱教化之國，乃無禮橫行，專恃兵堅器利，自取決裂如此乎？

『朕臨御將三十年，待百姓如子孫，百姓亦戴朕如天帝。況慈聖中興宇宙，恩德所被，浹髓淪肌，祖宗憑依，神祇感格，人人忠憤，曠代所無。朕今涕淚以告先廟，慷慨以誓師徒，與其苟且圖存，貽羞萬古，孰若大張撻伐，一決雌雄。連日召見大小臣工，詢謀僉同。近畿及山東等省義兵，同日不期而集者，不下數十萬人。至於五尺童子，亦能執干戈以衛社稷。

『彼尙詐謀，我恃天理；彼憑悍力，我恃人心。無論我國忠信甲冑，禮義干櫓，人人敢死。卽土地廣有二十餘省，人民多至四百餘兆，何難剪彼兇燄，張國之威。其有同仇敵愾，陷陣衝鋒，抑或仗義捐貲，助益饟項，朝廷不惜破格懋賞，獎勵忠勛。苟其自外生成，臨陣退縮，甘心從逆，竟作漢奸，卽刻嚴誅，決無寬貸。爾普天臣庶，其各懷忠義之心，共洩神人之憤，朕有厚望焉。』

第六節　宣戰後號令之不一

自五月二十四日，甘軍及武衛中軍圍攻使館。義和團助之，披髮禹步，升屋而號者數萬人，聲動天地。洋兵僅四百，董福祥所部萬人，初攻時皆謂旦夕間便可剗除。董福祥且屢以使館見燬入告，乃洋兵死者無幾，而拳民骸骼，則徧於東交民巷口。一日大阿哥呼德宗爲鬼子徒弟；帝泣訴於太后，嚴責之。載漪憤甚，翌晨率同載勛、載濂、載瀛帶領拳團約六十人入宮呼譟，請皇帝出宮。太后聞聲趨出，諸王公及團民聚於堦下，聲勢洶洶。太后大怒，叱載漪等出，斬拳首一名於外宮門。董福祥又面劾榮祿不允借用大礮，攻使館，詆之爲漢奸。太后益怒，知載漪福祥皆荒謬不可恃，乃下諭停攻使館，並命榮祿往各使館商議和局，閱三小時，裕祿自天津電奏至，報大捷，言洋人攻天津，死者甚衆，並擊沉其兵輪二艘，天津洋人，剿滅幾盡，於是太后之宗旨又一變，復命加工攻使館矣。

董福祥

裕祿捷報謂天津義和團民不下三萬人，均義形於色，紛起助戰，敵勢不支，紛紛竄匿。太后降諭略謂「我義民以血肉之軀，與鎗砲相薄，不用國家一兵，不糜國家一餉，甚至髫齡童子，亦執干戈以衞社稷，着先傳旨嘉獎。」又降諭云「此等義民，所在皆有，如能招集成團，藉禦外侮，必能得力，沿江沿海各省，尤宜急辦。」於是給團民粳米二萬擔，賞義和團神機營虎神營，甘軍，武衞軍，銀各十萬兩。並派倉場侍郞劉恩溥赴天津賞義和團銀十萬兩，面加獎勵。

義和團乃大張旗幟，曰奉旨義和團。

斯時粤督李鴻章，江督劉坤一，鄂督張之洞，川督奎俊，閩督許應騤，福州將軍善聯，巡視長江李秉衡，蘇撫鹿傳霖，皖撫王之春，鄂撫于蔭森，湘撫俞廉三，粤撫德壽合奏言亂民不可用，邪術不可信，兵釁不可開。東撫袁世凱亦以朝廷不可縱亂民爲言，而清廷歷次批諭一則曰團民在輦轂之下，仇教焚殺，勦撫兩難。再則曰數月之間，京城蔓延已遍，不下十數萬，皆同聲與洋教爲仇，勦之卽刻禍起肘腋，不若因而用之，云云。斯時駐外各使上言保護各國使臣，正所以自保，使臣保護在華洋人，正所以保護在洋華民。覆諭則謂「自洋兵入城以後，未能專事保館，或有時上城放鎗，或有時四出巡街，屢有放鎗傷人之事，甚或任意游行，幾欲闌入東華門，被阻始止；於是兵民交憤，異口同聲，匪徒乘隙橫行，燒殺教民，益無忌憚」云云。其詞雖多粉飾，然以此與樸笛南姆威爾之日記相印證，則知當時洋兵固極橫暴也。

義和團圍攻使館時，榮祿部下軍隊，亦分任其事，但唯虛張聲勢，未曾急攻。至是見拳民不足恃，乃發長電於南省各督撫以自表白。六月二十二日太后降諭云：着各將軍督撫，查明各國洋商教士，在通商各埠及各府州縣者，按照條約一體認眞保護，不得稍有疎虞。上月日本書記杉山彬被戕，正深駭異，乃未幾復有德國公使被害之事。該公使駐京辦理交涉，遽遭傷害，悼惜尤深。應仍嚴飭勒拿凶手務獲究辦。所有此次天津開戰後，除因戰事外，其因亂無故被害之洋人教士等，及損失物產，着順天府直隸總督飭屬分別查明，聽候彙案核辦云云，此旨出榮祿意，王文韶亦與有力焉。載漪聞之大怒，不肯視事，太后強起之。

七月初旬，聯軍節節逼近，又令停攻使館，使總理衙門章京文瑞齎西瓜問饋之，使館受之而不敢食。初八日降諭云：「前因近畿民教滋事，激成中外兵端，各國使臣之在京者，理應一律保護，迭經總理衙門王大臣致書慰問，並以京城人心未靖，防範難周，與各使臣商議，派兵護送前往天津暫避，以免驚恐。即着大學士榮祿，預行遴派妥實文武大員，帶同得力兵隊，俟該使臣定期何日出京，沿途妥爲護送。倘有匪徒窺伺搶掠情事，即行勦擊，不得稍有疎虞。各使臣未出京以前，有通信本國之處，但係明電，即由總理各國事務衙門速爲辦理，毋稍延擱，用示朝廷懷柔遠人坦懷相與之至意。」蓋欲藉此以阻聯軍前進也。先是數日前，載漪令啓秀函約各使至總署會議，令勿帶衛隊，實欲誘其離館而要殺之於途也；乃一面致函要請，一面又數往攻擊，至是護送令下，各使皆不敢應。及聯軍將入京，載漪復命董福祥余虎恩急攻使館，武衛軍虎神營神機營皆會誓必破之以洩忿。未幾聯軍入京，始各逃散。

第二章　外人記載義和團圍攻使館及教堂之經過

第一節　圍攻使館

京師正陽門內迤東之東交民巷，久爲外國使館聚集之所。庚子以前，使館之次序，最西者爲荷蘭，次美，次俄，次德，次西班牙，次日本，次法，次意。十一使館中，八館在此巷內。比使館則在崇文門之東，地位極不佳。奧使館則相距二百碼，總稅務司署亦同在焉。英使館則在各使館之背，其面積之大及其形勢之藏匿，天然爲非戰鬬員避身之地；蓋爲他使館所包，僅兩面露出於外也。肅王府，翰林院，皆在使館附近，亂時皆逃避一空。此使館位置之大略也。

外人記載圍攻使館之書極多，僅以英文論，已有四五十種。各種記載，皆有隱諱；惟英國樸笛南姆威爾(B.L.Putnam Weale)之庚子使館被圍記，關於各使處置之不善，各國互相猜忌之情形，頗能據實直書。其自序有云：『歐人皆謂中國以大軍圍攻區區之使館而不能克，可見兵力之弱；不知此實大誤，蓋中國人乃在能殺之時而掣其刀，非其力之不能也。中國之主持和平者，暗中竭力挽回，以拖延之政策，減輕其結果」云云。蓋榮祿部下之武衛軍，皆虛張聲勢，未曾竭力攻擊。卽甘軍將弁，亦有虛應故事者。積屍纍纍於使館之四周者，蓋皆腦筋簡單眞欲滅洋之義和團也。樸氏日記，自有專本，惟事實不詳，茲以法使畢盛之日記爲本，參取他種記載，摘錄其事實如左，俾閱者知義和團酣戰數十日之狀況焉日期概從舊曆。

庚子五月，京中匪亂日亟，時諸館中男婦及上下人員約五百人，稅務司署約百人，天主教教士十數人，耶穌教教士及眷屬約三百人，兩教教民二千三百人，工役五十人，西兵入衛者，英俄各七十人，法美各七十二人，德五十人，奧意各四十人，日本二十六人，共計外兵四百四十人，員弁在內。各國使臣十二員；英公使名竇乃樂、德使克林德、俄使祁爾恩、法使畢盛、日本使西德次郎、美使康爾格、奧使吳爾班、荷使諾白爾。班使郭魯根、意使勒奇、葡使賈拉度、比使郫克。

五月二十四日午後四下鐘，華兵開戰，擊奧館垣牆。英使館空屋最多，西婦西孺均往英館。英使曾列行伍，故各使推英使爲統帥。時至九下，華兵四處圍攻，彈如雨下。法使夫婦

偕班使同往英館。奧館垣牆被毀。奧法二國兵與西勇若干，退守法館。華兵終夜攻打，達旦方止，

二十五日，奧比二館被火，美國福音堂被燬。

二十六日早六點半鐘，華兵自城上開砲，西兵不能支而退。法館中人盡往英館。意德日美俄五館，早已遷空。無何前壘火起，稅務司署亦火。既而華槍連發，至一點鐘始止。英館東隣被火，卒以力灌得息。鐘鳴十一下，英館北隣翰林院起火，相距僅一丈餘，火燄紛飛，墮於英館馬廐，竭力抵禦，閱兩下鐘方安。法俄荷美四館之隣屋，盡付一炬。華兵自城上開砲，彈丸入各館，時至五下，翰林院又火，烈燄墮大樹上，益危急，將樹斫倒。院中二百年來所儲極珍貴書籍，悉被燬。

二十七日，華兵以十五磅大砲，安放前門，向英使館轟擊，中屋頂，幸在高處發砲，未能傷人。

二十八日午前十一下鐘，華兵又攻，呼聲雷動。向英館大門放槍，洞穿百餘穴，華俄銀

行及意使館被焚。

二十九日，午前十下鐘，華兵攻使館東西北三面，兩教教民借居肅王府，以日本兵護之。意兵失防後，亦駐其間。今日華兵攻王府，放槍至五下鐘始已。既而華兵登城，美兵逐之，去而又登者屢。時有兵匪匿王府垣下，欲挖牆入，未果。晚五下鐘戰事方息，北首大橋上華人貼一紙，大書奉旨保護使館，不准放火。子夜華兵又攻，較日間更烈，至一下鐘始息。

三十日，華兵攻俄館，終日發槍砲。

六月初一日，終日槍砲不絕。初擊英館北垣，既而四面圍擊，猛不可狀，肅王府幾爲所破，西兵麕集守禦，華兵拆垣方倒，整隊欲入，日兵望準開槍，不久即息。

初二日午前，華兵擊英美俄三館，不甚力；旋攻法館，槍砲連聲。午後四下鐘，又擊英館，兇狠若狂。西人以火油灌稻草擲於華壘，登時發火。華兵發開花彈，落於英館庭內，砲子直中洋樓，洞穿屋頂。後終夜苦戰。

初三日，自早七下鐘至午後三下鐘，華兵放一百七十砲，槍聲如連珠，未稍間；各使館同時受擊。晚十下鐘天大雷雨，砲火電火相和爲虐，險惡不可言狀。至二下鐘稍稍平息。華人穴法館垣牆，爲西兵所見，槍斃華人甚多。是日德館西兵槍斃拳匪不少。

初四日午後，華兵放七十一砲，發槍尤多，法館邊屋被火。

初五日午前九下鐘，德美兵苦戰久之，不能支，遂退。

初六日，肅王府垣受砲攻，日兵不能守前壘，乃退下。夜間美俄兵衝出，拆華兵柵欄。因華兵逐漸偪近，相距僅七八丈。美俄兵與華兵短刀相搏，殺華兵頗衆。雖大雨傾盆，華兵攻王府不稍懈。

初七日薄暮，華兵張八旗攻法使館，一彈穿大門，尋卽息戰。英館自夜九下二刻至三下鐘，受擊未止。美兵所守柵欄亦受攻。

初八日晚，華兵攻西飯館，放二百砲。計自被圍至今，西人死於戰者三十八，內法人七，德六，意六，美六，日五，奥三，俄三，英二。

初九日，華兵自皇城開砲，頗能命中。法館經堂受彈甚夥，飯廳已不能立。園中樹木多爲彈丸所折。

初十日，華兵開一百砲，放槍頗稀。午刻攻王府，日兵出外奪砲，未獲。華兵架炮皇城，距英館僅十五丈。

十一日，華兵放一百二十二砲，擁入法館，西兵殺其五十人，餘卽遁去。法館廚房，爲匪所焚，英館中有意砲一尊，苦無彈子，西人於鄰屋中搜得錫塊甚多，遂製爲彈。又得鄰家舊砲一尊，銹且壞矣，取以來，修而用之。

十二日，華人放三百二十五炮，輿員多滿受彈死。兵匪縱火於鄰房，西兵略退；以意砲擊之，匪亦退。

十三日，華兵發二百十砲。法館受損較巨，縱火之匪，藏身夾巷中，法兵放槍斃之。夜間華兵開五十砲，二彈落英館。

十四日午前，華人放七十砲。午後放四十砲。夜間又放二十砲。法館王府皆危甚。砲丸平飛，高與人齊，非曲躬而行不可。

十五日，種火之十六匪，行近法館，爲西兵所殺，且擒獲二匪，供稱華兵藏藥陰溝，擬轟使館。日間華兵開九十五砲，夜間開二十砲。

十六日早八下二刻，比國參贊官擒得一匪，供稱目下朝廷大權，在端王榮祿董福祥手。慶王不與，亦無能爲力。至是兵匪已死二千人。午後法人貝育奪得榮祿部下李軍門之旗，華人大忿；終日猛攻，開二百砲。

十七日午前，華兵開一百餘砲，專擊英法二館。午後開砲愈密，及暮，兵匪雲集。少頃，地雷作，轟坍洋屋一座，武員貝葛爾與一兵死之。拳匪持種火具，擁入法館；四十年來法人所備陳設，俱成灰燼。法兵於槍林砲雨中，退守北柵，向匪排鎗，匪勢乃稍殺。未旋踵，匪攻德館，奮不顧身，德兵殺華兵四十許。午後華兵放三百五十砲。

十八日，榮祿致函英使，大旨謂請貴大臣暫居總署，俟設法送回貴國，惟不准帶西兵，請即示覆，以明日午刻爲限。各使閱之，疑爲詐，未允。是日華兵開一百二十砲，夜間專擊法館。

十九日，有人聞兵匪掘地聲，直達英館；初西員不之信，嗣因法館爲地雷所毀，遂將陰溝發露，以杜不測。日間華兵發二百四十五砲。

二十日早七下鐘，英兵官施德羅君受傷死。一人攜白旗至，投到慶王致英使一函，披視之，言中國將嚴禁匪徒再攻使館，貴大臣亦當禁西兵放鎗。英使代覆云：各公使惟圖自衛，別無他意，俟華軍不開砲，不築壘，不掘濠，敝使館自必不再放鎗也。

二十一日晨，華兵開二十砲，後靜。二華兵擎白布來，一兵曰，榮相昨日下令，不准攻使館，西人亦不復戰，故華兵登壘，無所顧忌；與西人語，若公使欲致信聯軍，願效力代遞。比晚，慶王致書各公使，大旨謂今和議將成，可望無事，西兵所據城上地段，請歸還中國。英使覆云：西兵所據城上地段，爲保守使館起見，未便即日交還。是日有華兵及工人數名，攜蔬菜鷄蛋等求售，防堵時居然成一小市。

二十二日晚五下鐘，總署遣某章京至使館，攜榮相書，請商和事；行禮甚恭，殷勤致候。法使答云：願和與否，觀華兵攻不攻而知之，空言未可爲憑。

二十三日，慶邸來信，請衆使速返天津，以華兵護送。

二十四日各使集議，以不往天津覆總署中朝贈公使瓜菓，法使遣一教民向華官索法兵之屍，其人一去不回。

二十五日，慶王回札，不准公使與本國通電。

二十六日，法使致書榮相，問教民收西兵屍者何以不回。

二十七日，榮祿覆謂該教民並未到營。有華民攜雞蛋鮮菓來售。

二十八日夜十一下鐘，華兵擊英法俄三館，至六下鐘始止。

二十九日，慶王來函，催公使往天津，并許發電回國，惟不能用暗碼。中國禁止民人售食物與西人，肅王府東已無人往來。

七月初一日，公使致書慶邸，問如往天津，中國如何保護。

初二日，太后贈公使冰麵瓜菓，謂京中安堵如常，教民在使館者儘可出外，公使未之信。夜間鎗聲頗密。

初三日，英館牆上貼有一紙，述聯軍受挫情形，可爲駭異。

初四日午後，華兵堵塞御河橋。夜間，華兵槍砲齊施，達旦未息。

初五日，使館中二華人至御河橋堵塞處，爲官兵所殺。夜間槍聲又多，惟不甚烈。

初六日慶邸來函問天津之行，訂於何日。法館中聞華兵掘隧聲，開濠以截地雷。

初七日，慶邸來函催公使回津。終日槍聲隆隆，至夜更密。

初八日，教民饑甚，有食樹葉樹根者。華兵放槍，終日不止。

初九日，慶邸准公使發電本國，各公使卽以暗碼發電。慶邸函稱，奉有送公使回國之命，

初十日，英館後屋，終夜受攻。

十一日早二下鐘，華兵擊英法俄三館及肅王府。

十二日，慶邸遺書責西兵又擊華兵。

十三日未戰。

十四日，總署函報云，朝廷派李鴻章爲議和大臣。夜間華兵擊肅王府及英俄兩館。

十五日，日間槍聲尙稀，夜間甚密。

十六日公使得聯軍函，知楊村已破。

十七日，華兵放槍不止，夜間攻英法館及肅王府。

十八日華兵終日閙砲。慶王函請面商息兵事，時旣晡，華兵來攻，砲火之烈，爲從來所未有。

十九日，慶邸發函約十一下鐘到館，屆時未來，惟函責西兵殺華兵二十六人，斃武官一員。夜間華兵攻英館，砲彈落屋頂，烈烈作聲。夜二下鐘，西人聞砲聲自遠來，知聯軍戾止，西人大喜。

二十日早八下鐘，砲聲更密，大衆未睡已四十八點鐘之久。西人登城見西兵大隊已來。午後三下鐘聯軍入城，攻使館之華兵尙未知之，聞狂呼聲，立發數砲，旋卽四散奔走。

第二節　圍攻西什庫教堂

天主教在北京有五教堂，北堂，東堂，西堂，南堂，柵欄堂，是也。北堂在西什庫；庚子之役，他四堂皆燬，惟北堂被圍二月，未破。法國樊國樑主教與訓蒙會監會士均有日記，茲摘錄其大要如左：

五月初三日，近京鐵路車站，爲官兵燒毀。總署照會各公使，不准調洋兵到京。

初四日，法俄兩公使堅請總署，許洋兵由鐵路來京，總署已允准。

初五日，九下二刻，法使畢大臣命駕來堂，許遣法國水兵三十到堂保護。意公使因仁慈堂中有意國修女，許發十兵來堂。十下鐘西兵果至。

初六日，駐堂西兵分定地段。

初七日，樊主教以教皇覆皇上之書及大磁瓶一，送入慶王邸第，附請剿拳匪片。

初八日，法弁恩理以垣牆五百丈，四十兵不敷分守，因定專保大堂之計。如拳匪近逼，則衆人避入大堂。時堂中有西人七十，男教友一千，婦孺二千二百。晚六下鐘，風聲益惡，派教民二十八輪班守夜。

初九日，北堂築壘塞巷，購器械，備糧糈，亟亟皇皇，勤勞終日。

初十日，堂中置備防守之具，是日太后遣剛毅趙舒翹出京，勸拳民散去。

十一日，築望遠臺，爲守東邊之用，八下鐘，栅欄訓蒙修士齊來北堂。

十二日，城外各村有爲匪徒縱火焚燒者，夜間紅光燭霄，砲聲隆隆，堂中人終夜不合睫。

十三日，義和團一大羣，擁至西什庫北首，尋卽退，皇太后由頤和園回宮，頒禁拳嚴旨一道。

十四日，董軍大亂，諸西人咸有戒心。義和團紛紛出城，官兵置砲城陴，防守綦嚴。八下鐘，京津京保兩電線皆中截。

十五日，西山洋人避暑莊，被匪縱火，烈燄飛騰，半天盡墨。九下一刻，義和團大隊搴旗耀武，沿城行過，衆閉戶不敢出。上諭着端王載漪管理總署。今日日本使館書記生杉山彬氏爲董軍所殺。

十六日，內監一人拳二人來北堂，行將縱火，擒之。十一下，遙見柵欄毗連教堂之草欄，突被大火。

十七日，京中教民遷徙紛紛，教友三人，道經南城，爲拳匪所殺。夜九下二刻鐘，東堂被火，艾李二司鐸及於難。

十八日，皇城緊閉，端王派兵守之。辰刻官兵義和團燒南堂，學生教友之守堂者死大半。有人見兵拳放火時，瀾公與崇禮在旁鼓勵。

十九日，時勢更危，衆修女領聖事預備致命，婦孺聚大堂中。柵欄西堂，於昨夜十一下半被焚，本堂金司鐸死。一教友攜來雅東修士急求救助之函，已不能覆。夜十一下鐘，義和團數千擊皇城門，欲來攻北堂，幸城門未啓，尋退去，京中教友多避於肅王府。西式房屋俱付一炬，惟各使館與北堂尙存。衆婦孺避入大堂中訓蒙會二修士往仁慈堂，偕意兵守北牆，牆廣二百丈；別有修士領教民守西牆，南北約九十丈；分派甫定，義和團已至，急取槍械各赴防所。意兵十八分駐四處。義和團呼聲惡厲，俄聞銅角聲，來自大堂頂，知危在南垣。無何聞洋鎗聲，既而鎗聲稍閒，羣拳狂呼。少頃銅角報東西二面皆危。拳黨擁擠於大路中，稠密如織，呼聲震天，一手持刀，一手執火，爲縱火計。有一喇嘛僧，步行引導。衆拳衣紅衣，載進載叩，祈神附體。比近大堂，約距六十丈，法弁呼放鎗，轟隆一聲，義和團若干中彈倒地，不復起。羣拳躲身橫街，縱火市房，時値西南風，欲燒北堂，幸二刻鐘後風忽轉向，火自熄，焚民屋二十餘座，此前垣事也。後垣西北隅，聞斧斤鑿城壁聲，壁高二丈四尺，厚五尺，未能穴，移時而止。

二十一日，柵欄地方嬰堂病院均成灰燼。守堂之大孩二十餘，工人十餘，皆死；惟一人逃至北堂。

二十二日，市中店鋪已閉，端王諭各店復開，罕有從者。

二十三日，拳圍北堂極緊。

二十六日，早六點鐘，各赴防次。一教友中彈死，數人受傷。拳置砲於大堂前，法弁恩埋奪其砲，自是以後，拳不敢架砲堂前矣。今日匪放八百砲，多中大堂頂，堂仍屼立。

二十七日，拳攻猛烈，放砲五六百響，未傷一人，西兵斃匪甚多。

二十八日，匪攻東南隅，無害，旋架四砲於北，砲彈中經堂壁，爲洞穿，法兵聞之，往助意兵戰。

二十九日，日間頗安，略有鎗彈飛過，無大害。二下鐘後，發鎗如聯珠，無瞬息間，直至三刻之久。

三十日，堂中糧食日少，洋人之膳本三餚，自今日始減去一餚。

六月初一日，是晨有兵拳五百人，近逼大堂門首，前隊皆老年人，身穿紅衣，頭戴紅帽，脚着紅鞋，俗稱老道。中隊爲少年鄉民，後隊則官兵。法兵十二人發鎗擊匪，官兵與少年皆遁去，惟老道獨留。法兵又發鎗，老道多倒。蓋其自信不能傷，而今始知紿己紿人也。

初二日，晚間堂前火發，拳所縱也。拳又以水龍擲火油熾之，猛不可遏。九下二刻鐘，堂之左側亦起大火，離堂僅一丈餘。拳向堂頂射火箭，法兵竭力灌救，教民魚貫提水，垣外呼殺聲，歡號聲，咒詈聲，如雷貫耳。至十一鐘，拳力漸殺。是役堂中無大害，然已魂不附體矣。

初三日，終日無大戰。匪間時發鎗，

初四日，傍晚匪向仁慈堂放二十一鎗，無大禍。

初五日，兵拳自遠發鎗，不得力，尋卽息。

初六日，終日大雨，夜間鎗聲寥落。

初七日，今日計小孩已死四十口，洋兵斃拳數人。

初八日，時方晡，兵拳三面攻堂，西兵應之，斃兵拳十四五，兵拳大忿，擁入堂前大路，法弁三喝發鎗，斃匪十七八人。

初十日，除西兵外，衆人一日兩次食粥，尚能中飽，惟鹽菜已盡。

十一日，匪以火藥納瓦壺，投擲堂中，其火媒繫於壺外，壺碎則媒自灼。自四下至五下二刻，直擲一百五十壺，幸皆未燃。一日間放三百三十砲，擊坍平屋二座。婦孺避入大堂，午後始得稍食，終日未食者亦夥。鎗丸火箭飛墮不絕，二三處火發，均幸撲滅，司砲旗人中彈死。晚七下鐘，拳攻始息。拳匪發來火箭，以鋼鐵爲之，長二尺半，圓二寸，中藏火藥，尾以木，長五尺餘。

十二日，自九下鐘起，華人放砲頗稀。午刻攻甚力，向鐘樓發砲，雖未塌下，已岌岌可危。三下後飛來火箭二十枝，幸未燃灼。四下鐘時，華兵二百許，擕一砲至皇城西北隅，意法兵合隊放鎗，華兵數人受傷倒地，餘即遁去。夜間鎗聲連續。

十三日早五下鐘，敵擲火藥罐約一百個，幸未灼。九下二刻鐘，匪以大砲攻仁慈堂，穿一大穴。十二下二刻鐘，華兵連放二砲，中堂中屋，未傷一人。其彈厚三寸，以堅鐵鑄成。

十四日，砲聲終日不止，火箭疊來，皆未燃。既而拳至大堂前，開鎗力攻，鎗子紛落如雨。

十五日，仁慈堂東側有大路一，傍晚轟然一聲，路中闢一大穴，蓋拳掘隧至此，實以火藥而發之也。堂中邊屋稍有震壞，坑圓六七丈，一土塊重千餘斤，墮某教士身上，頃刻壓斃，受傷者八九人。拳又射火箭於堂上，仍無大害。夜既深，堂中人擕火把火油入地穴中，前行頗遠，未遇一匪。

十六日，亭午，聞地下有斧斤聲，立派二十人掘地，橫截其道。匪放砲終夜未止。今日食馬肉，人盡廿之。自今日始，教友一日二食粥，每人僅一碗，半飽而止。

十七日，辰刻出燒鄰屋，毁敵巢，將晡，敵始燃砲，有二官立砲側，法兵發彈擊之立倒。七下鐘，敵砲尤巨，九下至十二下，鎗砲之烈，爲從來所未有，半夜以後，攻勢漸殺，午後一彈落樊主教榻上，枕且破。

十八日，兵拳設備四周，終日鎗聲不絕，夜間頗靜，教民出燒礙戰之屋，敵自皇城外擲石堂中，教民應之。計餘糧每日兩次食粥，尚可持二十日。日殺一騾，煮於粥中，充衆人飢腹。

十九日，自九下鐘起，華兵開砲，終日不止，約計一百四十響，恆在大堂之南與西南。或疑敵於西垣下掘地道，教民沿城挖長溝以斷其路。鎗丸火箭，相繼而來，比暮，紅光燭天，黑夜如晝，半夜後，砲聲漸稀。

二十日，敵擲火藥罐，皆未燃。晚九下至十下鐘，砲子入堂，多至數百。某修士率衆出外，見東南有一新窟，將掘入北堂，急塞之。

二十一日，敵傍皇城建一高臺，上置二鐵管，大發火箭，吁吁之聲，聞於堂內，法兵放槍擊之。晚五下鐘，第二次地雷轟發，正房倒七八間，西房倒十餘間，挖濠之三十五人，半壓溝中，餘亦受傷。一訓蒙士與三教友全身飛空落皇城下，立卽殞命。意兵五人受微傷。有人聞仁慈堂下有挖地聲已四日矣；修士鍤里西德立喚多人持鍤鑿地。敵人自外擲石并放鎗，晚五下鐘始息。

二十二日，因昨日掘地探隧，工猶未竣，今續之。不料時至五下，轟然一聲，地爲之烈，屍身亂積，骨肉橫飛，景況之慘，筆舌難宣。急將屍身翻出，得二十左右，傷者亦如之。方翻屍時，華兵發火箭甚多。

二十三日，午前頗安。亭午，敵又攻羣立皇城上。法兵意兵升垣擊之，敵卽退去。自是城牆一段，爲法兵所據。教民擲火油於敵帳，登時燃火，敵大罵如狂，然不敢出。

二十四日，大修院東邊聞掘地聲，知拳匪又設地雷。

二十五日，終日無戰事。堂中糧食日少，僅可支持十五日。

二十六日，或疑敵掘地道，尋之未獲，有人出垣，探視鄰屋，亦無蹤跡，惟見硫磺芒硝頗多，取之以歸。敵沿城挖一長濠，大約攏堂中人掘隧出外，欲橫截之。掘時有二員指麾於旁，西兵發鎗，二員立倒，內有一員戴紅頂。又斃工人二十餘，敵乃奔散。是夜大雨傾盆，堂中無完屋，加以彈雨並來，苦甚。

二十七日，午後四下鐘，華兵攻堂，西兵拒之大勝，敵死傷約三百人。自西南來二人，一手攜稻草，一手攜火油，安步徐行，似甚得意。想必自鄉間來，猶信彈丸不能入體者，西兵開鎗擊之，死者頗夥。

二十八日，有人在東南隅探得一地穴，急塞之。

二十九日，傍暮，敵又來攻，堂中拒之，戕其數十人。

七月初一日，義和團五十許，以童子當前鋒，着紅衣；其後爲壯夫，著黃衣；排隊前來。修士賈爾訥向童子放三鎗，心甚不忍，遂止。一敵以開花彈擲入堂垣，未傷一人。

初二日，東南砲聲隆隆，火箭飛空亦夥。堂中三千六百十六人外，又有小孩三十四口，除去洋兵之糧，每人日食四兩，只可支持十二日。

初三日，敵人終夜攻堂，猛不可遏。日間來砲彈五十五枚，夜間來三十五枚，鎗丸之多，不可屈指數，均自城上發來。

初四日，官兵開砲一百五十門，皆實心彈。

初五日終夜紛擾無寧晷。拳架大砲擊堂門，法弁欲奪其砲未得，擊死二十八人，法弁死二人。

初六日，匪放八十砲，無大患，惟屋頂洞穿，狀似魚網。義和團用火箭擲來一札，勸教民交出樊主教可保已命；有能殺一洋人獻首級者，賞銀二百兩；有拿一活者，送到本團，賞銀五百兩。若仍執迷不悟，被獲之時，雖願投誠亦盡殺不貸。乾字團具。

初七日訓蒙士尼西君偶發一鎗，中一匪首。教友饑甚，以樹皮充腸，有出外覓野菜者。

初八日，堂中之驢宰盡，今日殺騾以食，尚有騾數頭，馬二三匹，水牛一，犢一，猪三四。

初九日，教士與員弁集議，欲至西華門米店中取糧，未果。午前有拳童如干在仁慈堂後毒罵，并投石入堂垣教友用石還擊之。

初十日，教民有出外覔食者，一人爲官兵所獲，慘死無疑。義和團又擲一書，其文曰，勸爾等將樊國樑等洋人交出，凡洋人之財產全分與爾等，若執迷不悟，破巢後玉石俱焚，今已掘成地雷數處，看爾等如何敵禦。乾字團具。

十一日，一意兵升屋頂，會一彈飛來，抉其右目。教民有出外尋食者，一人死，一人受傷，三人被獲。

十二日，都人士紛紛遷徙。

十三日，義和團相告曰，盡去洋兵來矣，第三地雷轟發，在第一雷之傍，因置藥不合法，斃敵甚多。

十四日，今日頗安，惟餉糈日虛。

十五日，覔得一地穴，在堂門之東，急塞之。

十七日，衆人困於餒，力皆衰憊，念忍苦可以補過，頗覺甘心。

十八日，敵所掘地道，忽然轟發，敵彈如雹，危殆萬分。

十九日，仁慈堂中又有二隧，先後炸裂，未致巨禍。

二十日，時方午，遙見兵拳相怨，倒戈互鬬。

二十一日，未昧爽，東華門火起，七下至九下鐘，砲聲不絕，惡戰良久，後息止。

二十二日，堂中僅有餘糧四百斤。早七下二刻鐘，日法二國兵來救北堂，入西華門，與華兵戰，敵死八百人，法兵死二人，傷三人。計北堂被圍二月餘，共死教民四百人，地雷炸死小孩七十六口，法兵死十八人，意兵死五人。

第三章　京外各省之舉動

第一節　各省勤王及東南保境

五月二十一上諭，『着各省督撫，迅速挑選馬步隊伍，就地方兵力餉力，酌派得力將弁，統帶數營星夜馳赴京師。』二十四日諭令『各省督撫各就本省情形，通盤籌畫。於選將練兵籌餉三大端，如何保守疆土，不使外人逞志；如何接濟京師，不使朝廷坐困；事事均求實際。沿江沿海各省，尤關緊要。』六月十三日諭旨，『着劉坤一於清江浦一帶，設立轉運總局，將各處糧食，措買運京。山東山西陝西河南各督撫，同派出各員妥爲辦理。』蓋欲厚集兵糧以備戰也。

各省奉諭後，立卽籌備餉需，調動多營。金陵劉光材，浙江余朝貴，福建曹志忠，江西陳澤霖，湖北張春發，湖南錫良，江蘇鹿傳霖，安徽吳劉二統領，皆帶兵北上。自五月起至七月底，道出清江浦者，營兵共六萬名。內四萬餘行至北京，大都不戰而潰。其餘一萬五千，未抵北京，京師失陷後，仍回本省。鹿傳霖所統六千，自六月起程，行抵清江浦，屯紮觀望。嗣聞聯軍已入都門，直隸境內亦有聯軍蹤跡，乃拔隊繞道河南保衛兩宮，未與聯軍一遇。山西巡撫毓賢上疏請帶兵勤王，又令李廷簫兩次上疏乞留，均未允，毓賢不得已帶兵出省。繼聞兩宮已至太原，聯軍將由保定入晉，乃留兵守固關而返太原。

斯時東南各督撫，一面勤王，一面仍諫開釁。當時如李鴻章劉坤一張之洞諸人，無不主和甚力。先是五月十九日上諭，兩廣總督李鴻章着迅速來京，鴻章不即行，但疏請救護使館，無信邪術以誤國。諭旨責其不諒朝廷萬不得已之苦衷，不應作一面語。江督劉坤一疏言苟禦外侮，則臣當立即帶兵北上若屠戮使館中孤立之數洋人，則不願以堂堂中國之兵隊，而爲此等舉動。疏入，諭旨言南北相倚，不可歧二；又引左傳脣亡齒寒以爲言。二十五日，寄諭各省，謂拳團在京助官獲勝，降旨嘉獎，令各省招集義民成團，以禦外侮。兩江總督劉坤一兩湖總督張之洞合上一疏，對於中外情形東南大勢，切實指陳，語極扼要，茲摘錄其要語如左：

『竊謂此次大患，在與各強國一齊開釁。目前大沽已失，京都危急，拳匪僅恃邪術，各國非比流寇，雖幸獲勝仗，各國斷不甘心，勢必增調重兵報復。俄日兩國，陸兵最多，其來最速。現俄用裝茶輪船，改赴旅大裝兵；英調印度兵；美調小呂宋兵；法調西貢兵。德國陸軍倘不下八九萬。斷非董宋聶諸軍所能抵禦，拳匪無紀律，可勝不可敗，敗則四散。……論兵力，一國烏能敵各國；論大勢，各國焉肯讓一國？……鏖戰旬日，藥彈必竭，接濟無從。一旦兵敗拳散，各國大隊直入京城，宗社乘輿，何堪設想？……

『沿江一帶，會匪鹽梟、安慶道友甚多，與拳會各自爲黨。平時專以刦掠爲事，名號皆悖逆之語；並無拳會之黨可招。……東南各省若再遭蹂躪，無一片乾淨土，餉源斷絕，全局瓦解，不可收拾矣。惟有穩住各國，或可保全疆土。……

『長江商務，英國爲重，各國覬覦已久，懼英而不敢先發。英亦慮各國干預而不敢強佔，以啓各國戎心。在我止可就其所忌，而羈縻牽制之。若觸怒一國，勢必羣起而攻，大沽覆轍，可爲追鑒。……一經宣戰，各國封我海口，滬局軍火，不能運出；將士戰守奮勇，亦無藥彈接濟。沿海各省，紛擾可慮，防不勝防。閩浙廣東兵力亦薄。……若謂可以抵拒各國，臣等決不敢作此矜誇之語。……外釁一開，內匪四起，更難措手。總之能聯絡一氣，長江以內，當可使外人無從逞志。倘各國必欲以干戈從事，派大隊兵艦攻我營臺，臣等有守土之責，自當盡力抵禦，存亡與共。……再出使各國大臣，此時請勿遽行召回，各使臣下旗回國，卽是明示決裂，自認攻毀各國人命物產，以後更難轉圜，擬仍令暫住各國爲要。在京各國使臣，亦宜設法挽留，勿遽聽去。」

於是劉坤一創議，與西人互立相保之約。張之洞首先贊成。李鴻章袁世凱及南省各督撫亦表同意。乃由江鄂兩督，命上海道余聯沅與各國領事議訂東南保護約款九條，沿江各省，賴此以安。其約曰：上海道臺余，現奉南洋大臣劉，兩湖督憲張面示，與各國領事官會商辦法。

（一）上海租界歸各國公同保護；長江及蘇杭內地，均歸各督撫保護，兩不相擾，以保全中外商民生命財產爲主。

（二）上海租界公同保護章程，已另立條款。

徒。

(三)長江及蘇杭內地，各國商民教士產業，均歸南洋大臣劉兩湖督憲張允認切實保護，並移知各省督撫及嚴飭各該文武官員一體認眞保護現已出示禁止謠言，嚴拿匪徒。

(四)長江內地，中國兵力，已足使地方安靜各口岸已有各國兵輪者，仍照常停泊。惟須約束水手人等，不可登岸。

(五)各國以後如不待中國督撫商允竟至多派兵輪駛入長江等處，以致百姓懷疑，藉端啓釁，燬壞洋商教士人命產業，事後中國不認賠償。

(六)吳淞及長江各砲台，各國兵輪切不可近臺停泊，及緊對砲台之處。兵輪水手，亦不可在砲台附近地方操練，彼此免致誤犯。

(七)上海製造局火藥局一帶，各國兵輪勿往遊弋駐泊，及洋兵巡捕前往，以期各不相擾。此局軍火，專爲防剿長江內地土匪，保護中外商民之用，設有督撫提用，各國毋庸驚疑。

（八）內地如有各國洋教士及游歷各洋人，遇偏僻未經設防地方，切勿冒險前往。

（九）凡租界內一切設法防護之事，均須安靜辦理，切勿張皇以搖人心。

第二節　毓賢盡殺山西洋人

庚子之役，京外之禍，直隸而外，惟山西爲烈。山西人民入團者本少；光緒二十六年春，毓賢授山西巡撫，極力提倡，欲令北方數省聯爲一氣。三月抵任，立卽出示，大旨謂本部院來晉，首以代伸民寃爲務，每逢三八期放告，凡爾百姓如有寃屈事，可逕至本部院投告，呈詞不必拘泥體格，雖毛紙亦可書禀云云。蓋以晉民懦弱，久被洋人欺抑，導之控告教民也。毓賢自山東帶來一小隊，凡數十人，皆拳黨。四月十五日，天主堂主教往謁毓賢，毓未答拜，且責司道與主教往來。藩司李廷簫素恨洋人，嘗謂洋人若來，我藏刀靴中，與之拼命，故與毓深相契合。毓接見屬員，屢言殺洋滅教之事，屬員中有是之者，有非之者；是者陞官，非者黜革；於是官場趨勢，附和同聲。未幾署中發出匿名帖，粘貼多處。於是巷語街談，無非發洋財殺洋人之語。

五月三十日午前，義和團首自北方來，設壇於撫院前，授人拳術，團民以仇教爲名，遇富家殷鋪，搶掠淨盡，殺其居人；曰，我見其額上有十字，故殺之，平民多無端冤死者。毓諭民間多懸紅燈，遠者遣兵撲責。緣是初惟省垣中紅燈滿街，未旬日，山西全境遍懸紅燈矣。各戶用黃紙朱書一聯云，義和拳神用，功成扶大清。六月初一日午後，毓賢召拳師入署，密囑種種。天主堂法教士請見，毓不見，惟令人傳言勿懼，定將保護等語，亦給之耳。是日，毓往駐防旗營，飭備硫磺火把煤油等引火之物。又往製造局，命趕製利刀二百柄，以備拳民之用。

初一夜八下鐘，太原東夾巷英國耶穌堂被焚，毓登高觀望，拍手呼曰，天意天意，如此甚好。初二日，毓發兵守省城六門，不許教民出入，苟有出者，必被查拿。初七日，午後，首縣白昶至天主堂，謂主教曰，兵丁到此護守，甚爲不便，不如爾等暫到一處，數日後再回，此乃恐洋人逃避也。於是法教士三人，女洋人七人，司事等十四人，同往猪頭巷鐵路公所，兵拳在外守之，不許人出入。白昶往天主堂，將院門封鎖。初十日，又有耶穌教男女大小三十七人，亦被逼至鐵路公所。十三日午後，毓賢傳集營兵到轅聽差；時至四下鐘，毓微服騎馬，令兵向西行，遶道至鐵路公所，飭練軍陳統領率兵拿人。於是數百兵一擁而入，將英法人縛到撫轅，一路兵士任意凌辱，有打罵者，有將刀矛觸入腿脛者，至署皆殺之。洋人既殺，復縱火焚教堂及醫院，凡四百二十餘間。出示令教民出教，殺不出教者數十人。毓賢奏報晉省洋人誘殺悉盡，太后優詔嘉獎之。後太后出走抵太原，語毓賢曰，今山西境內無洋人，汝之力也。但聯軍索汝甚急，予或將汝革職，以掩外人耳目。太后隨親往毓賢戕害洋人之處，並詳詢辦理始末云。此省城仇教之大略也。外縣詳情見下節。

第三節　各省義和團之運動

義和團盛時，全國人士，雖不盡信其邪術，要無不贊成其宗旨。蓋當時國人之排外心理，原甚強烈也。故北方義和團起事之際，各省民衆莫不聞風響應，不數日而遍於全國。雖僻遠如雲南，開通如江浙諸省，仇教之事，亦不能免。其時各省辦法不一：山西則殺戮極慘；山東則假意仇洋；江蘇湖北兩省，則未死一人。其餘大抵對洋人則遣之出境，對教民則迫令出教。政令或寬或虐，暴動或多或少，要皆以督撫之意嚮爲轉移。至一省之各府州縣，惟命是聽者固多，陽奉陰違者亦不少。故雖山西省內，仍多不欲生事之長官，且雖以毓賢之粗暴，對於不願出教之華民，固未曾盡殺之也。

教民之中，或則恃有鎗礮，殺人無算；或則堅持信仰，慷慨捐軀；或則逃匿深山，流離異地，有輾轉於溝壑而死者。至被刦被罰被不肖紳董勒索者，更隨在有之。而見幾獨早，自願出教者，亦不乏其人焉。拳民之中，固多暴徒；而堅信民族主義，誓與西人偕亡以冀一雪國恥者，亦非少數。平心而論，拳民之肯效死者，必非乘機刼掠者流；教民之肯致命者，亦非狐假虎威之輩；是皆吾國中之優秀分子，或以信仰，或以主義，臨難忘身者也。特擾亂之餘，爲良爲莠，爲眞爲僞，不易區別；吾人固不得概以亂民或漢奸目之矣。

是役也，西人之死於難者，天主教主教五人，教士三十八人；耶穌教教士一百八十六人。華教徒之死難者，達二萬餘人云。各地之死傷人數，義和團方面，絕無統計。教會方面，有天主教士所著拳禍記增補拳匪禍教記，耶穌教教士所著庚子教會受難記庚子教會華人流血史，記載綦詳。茲附其大要於本章之末。然徵諸見聞所及，各府州縣之見諸事實者，實不止此。惜無由徵集耳。其祇有虛聲而未能實現者，又幾乎無地不然。及後議和時，除情節重大者外，各地損害較輕者，多由本地籌償。今人皆知賠款爲四百五十兆兩，不知賠款之外，尚有利息；賠款本利之外，尚有各處之零星賠款。是皆吾民之脂膏也，是卽今日上下交困之一大因也。

附錄

北京　焚燬西人房屋及西山避暑屋宇共三十四所。天主耶穌兩教教堂二十二所。男女學堂二十三所。學習傳道學堂四所。施藥局十二所。醫院八所。印書局三所。瞽目學堂一所。

直隸省　直隸苦旱，經年不雨，義和團揚言洋人不許敬神，神怒，故不雨，欲求雨澤，非盡殺洋人不可。愚民多信之。直隸北境教民被殺者約六千人，困苦死者約二千人。舊順天府屬二十四州縣，殆同一轍；下列諸地，特舉其有特別事實，及有人數者耳。

京城外柵欄地方　焚燬教堂，殺教民一百數十人。

通州　教堂教民房屋皆焚，耶穌教徒被殺者一百二十四人。天主教徒無考。

寶坻縣　官兵團民二萬餘，在大寶甸與教民大戰二次，嗣經馬玉崑勸諭，教民始繳械。

武清縣　教堂教民房屋皆焚。

密雲縣　殺教民三人。

保定府　耶穌教西教士男女及小孩被殺者十七人。逃出而死於途者五人。教堂盡毀，教民大半被殺。團民官兵圍東閭村天主教堂三月，大戰四十二次，團民死二千餘人。教堂未破，教民死六十餘人。

安肅縣　團民萬餘圍安家莊天主教堂三月，交戰二十餘次未破，團民死千餘人。

容城縣　殺英教士洛平森諾滿二人。

東鹿縣　團民二千餘人，與教民相持月餘，不勝。

天津府　教堂皆焚，教民死者無考。教民房屋皆被焚。

南皮縣　焚杏行村張義恆莊兩教堂，教民死四十餘人。

鹽山縣　焚城內教堂，教民死六人。

灤州　焚教堂六所，死教民十餘人，團民死數十人。

開平　殺教民四十五人。

遷安縣　耶穌教徒死九十一人，國民死者亦多。

河間府　境內殺洋教士十一人。

河間縣　焚教堂四處，教民死一百五十餘人。團民五千餘，圍范家圪墶教堂三月，未破。又圍蔡間村教堂，團民死數十人。

任邱縣　焚教堂四十餘所，殺教民三百餘人。圍段家塢教堂三月，掘地道，築砲臺百計圍攻，不破。

獻縣　焚南北兩立東村教堂。團民四五百人攻東大過村教堂，死數十人。又團民三四千人，人圍攻西大過村教民，亦不勝。又圍郭家莊教民三次，團民死傷甚多。

交河縣　團民教民，各死數十人。

肅寧縣　殺尚村教民五十餘人。殺王家莊教民三十八人。

景州　焚城內教堂。拳民二萬人，圍朱家河教堂，江西按察使陳澤霖率勤王兵助戰三晝夜，破之，殺教民二千人。
阜城縣　教民死二百餘人。
正定府　正定府屬拳民數萬，焚教堂近百所，焚教民房屋四千餘間。
獲鹿縣　毀掠教堂，耶穌教青牧師受重傷。
順德府　城內教堂打毀。
永年縣　毀教堂一所，教民死一人。
威縣　焚教堂一所，殺不肯出教之教民四十餘人，團民官兵萬人，圍攻教民六七百人，大戰三次，兵民不勝，喪失器械極多。
清河縣　焚教堂三十餘所，教民死二十八人。
肥鄉縣　焚教堂二十餘所。
大名府　拆毀城內教堂。
開州　毀教堂數十所。

東明縣　拘教堂二人下獄，

宣化府　府城教徒死三十餘人。

延慶州龍門縣赤城縣　教民共死一千四百餘人。

西寧縣·焚深井教堂，教堂教民死三百餘人。龍門房村教民死於此者七十餘人。又圍西合塋教堂十餘日。

懷來縣　圍雙樹子教堂數日，未破。

蔚州　教民死約百人。

淶水縣　焚教堂一所，殺教民七十三人。

冀州　殺不肯出教者四十九人。

棗強縣　焚教堂一所，殺教民三人。

衡水縣　教民死十三人。

新河縣　拳民二百餘人，殺不出教之教民九人。

武邑縣　焚教堂一，殺法國神父二人，教民一百三十八人。
南宮縣　教民死二十三人。
深州　教民死三百六十四人。
饒陽縣　團民窮搜各村，殺教民二十餘人。
安平州　殺教民十八人。
豐鎮　殺耶穌教徒四人，瑞典某女教士逃出，死於張家口。
遵化州　殺女教徒五人。
山海關　教民死四人，毁教堂，拆教民房屋三十餘間。耶穌教教士，在直隸途中被殺者一人。
山西省　山西一帶，義和團揚言教民能剪紙爲人以爲祟，又夜間抹紅於門，抹則一家患病。又代西人下毒於井，以害汲者。貧人出外拾荒，被誣爲下藥而喪命者極多。
省城　殺外國耶穌教士三十五人，天主教士十人，中國教士七十人，教民六七十人，詳見前節。

省城城外各村　楊家堡虐死教民七八十人。燒三賢村教堂，殺教民一百五十餘人。殺王郭村教民一百十餘人。團民死者亦衆。其餘焚堂殺人者，約四五處。

徐溝縣　清源鄉梁泉道拳教交戰月餘，互有死傷。其餘各村，約殺教民二百人。

楡次縣　各村共殺教民七百餘人。義和團令家家門上貼一紙，書「天下同是一髮」六字，又書「出門乍」三字。字句離奇，殊不可解。

太谷縣　殺耶穌教西教士六人。教堂盡毀。教民死者甚多。

平定州　殺西孩四人。

壽陽縣　時耶蘇教士多避於此，在壽陽被殺者十五人，送至太原被殺者十九人。教堂醫院悉毀。教民死五十人。

岳陽縣　殺耶穌教西教士二人。毀耶穌教堂。

浮山縣　教堂及教民住宅皆焚。團民數千，圍攻韓羅堰教民一月餘，傷教民四人。

曲沃縣　殺耶穌教西教士二人。小孩一人。

洪洞縣　搶教民家，刀傷西教士及西人衞醫士。

長治縣　回民拳民數百焚城內教堂。城外十餘村教民家宅大半劫掠，互有死傷。

潞城縣　拳民官兵千餘圍攻馬廠新村數次未勝，互有死傷。他村教堂悉焚，兵團傷者甚多，死數人。

長子縣　搶教民數家。

壺關縣　搶教民一家。

黎城縣　境內教民家宅皆搶，教民死二十餘。

襄垣縣　拳民四五千人圍攻趙家嶺教民相持一月。拳民死二十餘，傷者極多。教民死五人，傷十餘人。

屯留縣　焚天主教堂十餘處。教民被殺及活埋者十餘人。逃而困死者五十二人。

汾州府　殺耶穌西教士大小十八人。

孝義縣　殺耶穌教女教士二人。殺天主教徒約四十。

永寧州　殺教民一百數十人。

平遙縣　殺耶穌教女教士三人，小孩五人，拆毀教堂。

臨縣　殺教民五人。

澤州府鳳臺縣　府城內教堂全毀。教民家宅全搶。城外各村，共殺教民二百七十三人。

高平縣　殺教民二百二十三人。

陽城縣　殺教民一百三十六人。

沁水縣　殺教民七十九人。

大同府　殺耶穌教西教士十二人，天主教徒五百餘人。

陽高縣　殺教民九人。

應州　燒教堂一所，燒死教民三人。

朔平府　殺耶穌教男女教士十三人，教民三人。毀掠教堂，焚教民房屋多處。

朔州　境內大小教堂皆焚，人死不多。
忻州　殺西教士長幼八人，教民十八人。
定襄縣　搶教堂一所。
代州　毀教堂一所，殺教民四人。
五臺縣　焚十家涯村教堂，殺教民二十六人。
崞縣　毀教堂一所，教民死一人。
繁峙縣　燒教堂及教民家宅，殺教民二十四人，其中燒死五人，又有寸磔者。
霍州　境內教堂全焚。
夏縣　殺西婦一人。
絳州　殺教民約二百人。
河津縣　殺西教士男女長幼共九人，及隨從之華人。
隰州　殺西教士及其妻子共六人，天主教民七十餘人。

大寧縣　殺耶穌教女教士三人，教民十餘人。

沁州　殺耶穌教士六人，天主教民十人。

沁源縣　焚教堂二，殺教民二人。

武鄉縣　焚教堂一所，殺教民三十餘人。

遼州　教民家宅皆搶。

榆社縣　教民家宅皆搶，殺教民一百四十人。

長城外六廳　歸綏道鄭文欽等大肆殺戮。歸化城殺荷比英三國教士十六人，教民八百餘人。托克托城殺教士一人，殺教民四百七十餘人。和林格爾殺教民三百餘，薩拉齊殺教民一千五六百人。綏遠城殺教民十餘人，焚毀大教堂十七處，小教堂數十處。

山東省

濟南府　巡撫袁世凱，聞有殺洋人諭旨，先於諭旨未到時，令洋人出境。及諭旨至，歷城縣令封閉教堂，迫教民出教，未殺一人。人民有掘教墳墓者，拿辦。

新城縣　團民數百人圍邢家莊教堂五日，未破。團民死百餘人，教民死二人。又焚東營莊教堂及教民房屋，教民死十五人。

禹城長淸二縣　光緖二十五年，毓賢在山東時，團民焚掠教堂及教民家宅。

平原縣　光緖二十五年，團民千餘人仇教，鎗傷官役數名。毓賢令盧太守往彈壓，團又鎗殺官兵二十餘。差役陳德和拿獲四人，毓釋之，並將罪𨻶由是各縣大刀會競起，或樹保淸滅洋之旗，或樹毓字黃旗，與教民爲仇。

東昌泰安二府　自光緖二十五年秋，東昌十屬義和團大起，尤以茌平爲甚。由是泰安武定二府及臨淸州等所屬三四十州縣，焚教堂數百座，教民二千餘家，殺教民二百九十餘人。惟泰安府平陰縣教徒強甚，自二十五年卽與義和團相持數月，二十六年秋，殺團民甚多。

肥城縣　光緖二十五年，殺英國耶穌教士卜克斯。

登州府　境內蓬萊黃棲霞福山等縣教民四十餘人，逃至朝鮮。

黃縣　縣令殺拳首三人。
掖縣　逼令教民出教，差役得賄而罷。
平度州　搶教民四十餘家。袁世凱派兵殺義和團四十餘人。
濰縣　焚教堂及教民房屋，教民死一人，
臨朐，昌樂，安邱，益都，臨淄，博山等縣　教堂皆毀，教民家宅被掠。
兗州府城，濟寧州城，　教堂皆小有損失。
曹州府　府城內外教堂皆毀，他處無恙。
武定府　所轄各州縣，共殺教民男六十三，女四十一，男孩十八，女孩四。合計教民被殺及驚恐飢餓死者凡一百七十三人。其中濱州死八十九人，樂陵縣六十九人。
河南省　河南巡撫裕長，裕祿之弟也。亦承奉朝旨，故境內教堂，毀四分之三。但洋人只斥逐出境，未曾殺害。
南陽縣　團民七千，合官兵若干，圍靳岡教堂未破。繼又糾合數萬人往攻，因教堂有鎗礮，南未敢逼近黃河以南，除新岡及新野兩教堂未破外，其餘各州縣教堂均毀。教民家宅，多被搶掠，教民死數十八。

光州 羣衆毆打艾牧師，艾昏暈二日復蘇。

周家口 毀掠教堂。

衞輝府 驅逐教士，抄掠教堂。

武安縣 焚教堂十餘座，教民房屋千餘間，育嬰堂中女孩五十，及女師二人被掠賣，掘教士墳一，虐殺教民三十餘。

涉縣臨漳縣湯陰縣內黃縣滑縣輝縣等處，教堂皆毀。

湖南省 巡撫俞廉三得朝廷滅教之詔，密令各府州縣遵行。

衡州府 焚教堂二十餘處，虐殺洋教士三人，燒死華教士一人。大小女孩二百餘口被劫去，焚掠教民五百餘家。

岳州府臨湘縣 焚教堂一，教徒傷數人。

湖北省

蘄州隨州黃梅縣廣濟縣各焚教堂一，教民家亦多被搶。

襄陽縣　焚教堂二，教民家多被搶。

棗陽縣　焚教堂二，搶教堂四，教民家多被搶。

其餘各地受虛驚者頗多。

江蘇省

徐州與山東接壤處，有數處教堂被拆毁。

安徽省

婺源縣　焚教堂一座，及附近洋房。

建德縣　焚毁教堂二座。

青陽縣　焚教堂一座，教士被困幾死。

浙江省

諸暨縣　焚楊家樓教堂及教士住宅,

餘姚縣　搶教民二十餘家。

黃巖縣　焚教堂及教士住宅。

寧海縣　毀教堂三座,焚掠教民住宅。

永嘉縣　焚菰溪下乘二教堂。

瑞安縣　焚杜山頭馬社湯岙教堂三座。

平陽縣　焚城內及蕭江渡教堂。

金華縣　焚燬教堂。

衢州府　殺耶穌教教士八人,小孩三人,焚毀教堂。

樂清縣　焚里岙郭路二教堂。

玉環廳　焚凊港深浦二教堂。

西安縣　毀教堂及教士住宅。

江山縣　同上。

常山縣　殺耶穌教士三人，小孩一人。

江西省

饒州府　焚城中教堂及教民數十家。教士受傷。景德鎮教堂亦毁。

撫州府　焚崇麓村險注村三港村教堂及教民家宅。

建昌府　毁城内教堂及七九二都村教堂。

安仁縣　焚鄧家埠教堂，教民有被活埋者。

廬陵縣　焚鹽橋右三堡教堂。

永豐吉水泰和等縣　焚教堂及教民家宅。

贛州府　府城教堂焚毁。

信豐縣　縣令罰教民銀兩。

安遠縣　捆毆教民，並刑斃教民一人。

南康縣　焚士大窩教堂，教民死十一人。

陝西省

西安省城　哥老會義和團欲聯合仇教，巡撫端方先事預防，未肇事。

吳堡縣　殺教民一人。

華縣　焚陽峪教堂。

寧羌州　殺洋教士一人，教民十餘人。

其餘州縣謠言雖多，未有大事。

甘肅省

涼州肅州慶陽府皆有拳民入境，欲焚教堂，未果。各縣皆令教士出境，教士不去，卒亦無事。

雲南省

省城焚拆教堂二處。

福建省

詔安縣　打毀教堂及教民家宅，挖去教民沈姓兩眼。

四川省

邛州平陽蒲江大邑名山丹寧雅州犍爲富順敍州等處，境內教堂及教民住宅焚劫殆盡。

廣東省

順德縣　焚毀龍眼鄉教堂周家教堂關東教堂，又搶掠黃連鄉新埠坊容奇鄉桂洲鄉各教堂。教民家被搶者亦多。

南海縣　焚毀沙頭堡大桐堡教堂。

新會縣　毀教堂一處。

廣西省　境內謠言四起，象州修仁一帶尤甚，未成事實。

奉天省

省城　焚教堂二所，拆毀附近鐵路三百餘里，殺洋教士八人，教民六十餘人。

法庫門　殺教民二人。

廣寧　殺教民五十八人，焚毀教士教民房屋甚多。

遼陽　殺教民一人。

錦州　拆毀教會醫院。錦州義州寧遠共殺教徒約十八人。

新民屯　毀教堂一所，教民房屋焚毀殆盡。殺教民三十八人，教民自殺者七人。

佟家房身　焚教堂一所，殺教民數人。

業興堡、閻家荒、白塔鋪三處　皆殺教民一人。

三台子　數千人圍教堂二十日，日放數百礮，未破，雙方死傷皆多。

興京新賓堡　焚毀教堂，殺教民八十餘人。

吉林黑龍江兩省　大小教堂四十餘處，焚毀殆盡，只存二三處。吉林省城教民被剜心剝皮者四人。

統計東三省共殺教民三百餘人

內蒙古

鄂爾多斯　境內教堂被焚者四，餘悉被掠。虐殺洋人教士一人。教民死八百餘人。婦女被賣者三百人。拳民亦死五百餘人。

熱河一帶　殺教士一人，焚毀教堂十餘處。殺教民三百餘人。焚毀教民房屋甚多。

後壩土默特二處　殺洋教士三人，教民二百餘，教堂多被焚掠。

附錄耶蘇教各會西教士殉道人數表（以下各表皆錄自庚子教會受難記）

會名	成人男女合計	小孩	總數
內地會	五十八	二十	七十八人
紐約會	二十一	十五	三十六人
公理會	十三	五	十八人
大英浸禮會	十三	三	十六人
美國長老會	五	三	八人

壽陽會	十一	六	十七人
瑞典會(在蒙古傳道)	五	〇	五人
瑞典會	三	一	四人
安立甘會	三	〇	三人
大英聖書會	二	三	五人
共計	一百三十四	五十二	一百八十六人

各省耶穌教西教士殉道人數表

省名	成人	小孩	總數
山西及蒙古	一百十二	四十五	一百五十七人
直隸	十三	四	十七人
浙江	八	三	十一人
山東	一	〇	一人

合計	一百八十六人

各國耶穌教教士殉道人數表

國名	成人	小孩	總數
英國	七十	二十八	九十八人
瑞典	四十	十六	五十六人
美國	二十四	八	三十二人
合計			一百八十六人

第三篇　義和團失敗時期

第一章　天津失陷後之義和團

第一節　天津失陷

庚子五月二十一日，大沽砲臺失守，西兵紛紛登岸，將東西各礮臺一律佔據。我軍自大沽退入天津城，合之聶士成馬玉崑二軍，不下萬六千人，加入義和團三萬人，開始攻擊天津租界。當時戰況，各方所述略有異同。今將直隸總督裕祿奏章及天主教會李杕之拳禍記所述，分列於下：

拳禍記所載	裕祿所奏
五月二十一日午後四時起，官兵日向租界放砲，租界中人多匿於地窖	五月二十一日洋兵乘火車由陳家溝北上，官兵拆毀鐵路，彼此開戰，至

中。

五月二十二日

二十三日

二十四日

二十五日官兵攻尤力，鎗砲不絕聲。

夜收隊。

五月二十二日紫竹林洋兵分路出戰，官兵拳民合力擊回，焚租界洋房不少。又有洋兵數百，由火車站緣鐵路欲來接應，經官兵團民擊退。又在西沽三面放火，軍械等庫九座被焚。又砲擊海光寺製造局，焚房屋數十間，武庫及製造局皆未奪去。

二十三日官兵拳民與洋兵力戰，洋兵竄匿。

二十六日砲聲較稀。

二十七日列國洋兵到津。

二十八日午後砲聲又起。

二十九日洋兵砲擊水師營爲平地。

三十日西摩爾戰敗回津，不勝狼狽。

六月初一日洋兵破海光寺機器廠。

六月初二日東機器廠爲製造火藥子彈之所，自是日起，洋兵砲擊二日

六月初一日洋兵多股，分攻機器局據之，我軍傷亡三百餘名。擊斃洋兵亦不少。

六月初二三等日，洋兵無大隊出犯，惟日夜就近出隊誘戰，均隨時擊退。

夜，終爲洋兵所得。

初五日華兵日夜攻擊租界。自六月二十一日至是日，租界四圍及河東一帶，火光接天，焚燒房屋極多。

初六日華兵攻租界，中西均有損傷。

初七日兩軍冒雨相戰，夜半始止。自此日起，華兵之砲更能命中，傷租界人物甚多。

初八日午後又戰，至午後方止，裕

初三日浙江提督馬玉崑督帶所部到津。

祿致函洋人云，倘洋人不打津城，官兵亦不入租界，洋人不信。

初九日洋人欲奪津城外水師營大砲，未得。彼此砲擊，互有死傷。

十三日各國援兵陸續抵津。英日

初九日聶士成馬玉崑分兵三面進攻，以大砲轟擊，焚燒洋樓數座，擊斃洋人無算。

初十日在東局接仗，官兵並義和團首張德成率團民數千進擊洋人至紫竹林，燒洋樓多處；洋人抵死守禦，始收隊而回。

十一十二日我軍仍三面環擊，焚洋樓不少，洋人亦擊毁官署民房多處。

十三日聶士成陣亡。淮軍將弁，擊

兵攻下機器西廠燒之。聶士成戰死。

十四日華兵進偪日營，苦戰移時，日兵傷百人。華兵連日砲擊洋街，勢甚危急。

退洋兵。武衛前軍統領胡殿甲，與義和團長張德成率團民進攻紫竹林，擊死洋兵數十，兵團衝入租界，旋被擊回。

十四日馬玉崑率各將方奪佔鐵路，記名總兵李大川營官孫祥雲蘇豁然陣亡。洋人死傷亦不少。四川提督宋慶抵津。

十五日洋人大砲擊毀水師營望樓，及城內外房屋。我軍向敵擊三十七砲，洋兵始停砲。

綜觀上述情形，由五月二十一日至六月十五日約一月間，雙方雖有勝負，尚係相持局面，實聶士成力戰之力也。西人曾謂此次華兵戰守之法，實屬盡善，其勇敢亦逈異尋常，如此惡戰，實見所未見云。義和團遇有戰事，競衝頭陣，洋兵發砲，團民死者如風偃草，後隊仍不畏死，挺進不退，西人亦驚歎不置，且深憫其愚焉。

其後洋兵漸集，以綠氣砲攻我，聶陣亡，天津遂不守，綠氣砲者，實毒於炸彈中，迸裂時觸其氣立死，爲文明戰爭所禁用，西人自製此物以來，唯在南非洲野蠻之地一用之，西人以蠻族視我，故悍然爲之。

六月十六日，俄日法三國相約冒險攻城，英美德三國和之。十七日大戰一日，聯軍不能前進。十八日昧爽，日兵架橋而渡，以火藥包置城門口，一轟之下，門已大開。城破後十二點鐘之內，我軍仍四圍用砲轟擊，奮力巷戰，力盡始散。斯時水師營官兵，亦與聯軍苦戰良久，亦不支而逃。

聯軍既勝，城中人民倉皇出逃。西兵登城中鼓樓，連放排鎗，又連放大砲。積尸數里，高至數尺；白河水面浮屍數千，其隨潮流去者，更不知幾何。至義和團民，先逃者多被宋慶之兵追殺，失城後死於聯軍者半，死於官兵者半。傳言曹福田爲西人所擒，釘於牆上；黃蓮聖母亦被西人所殺。津地婦女，喜全身衣紅，至是西兵皆疑其爲紅燈照而殺之。聯軍自大沽登岸後，沿途村莊市鎮，搶劫一空。及至天津，尤爲殘酷。四郊之外，及會館義園，幾於無棺不破云。

天津陷後，聯軍到津日益增多，而以日俄爲最衆。八國聯軍共六萬零七十五人。以二萬人留守津沽，以四萬餘人往攻北京。中國各省勤王兵陸續到京者亦四萬餘，合之董福祥宋慶馬玉崑三軍，不下十萬人。羣集楊村，截洋兵入京之路。初八日上諭，着李秉衡幫辦武衞軍務，楊村以南韓家墅南北倉皆分紮多營，以資牽制。外國將領仍恐兵力單薄，不敢前進，日兵將弁，迫欲入京，衆議乃決。以日英美三國兵爲左軍，以法俄德奧意五國兵爲右軍。十一日攻北倉，血戰竟日，西兵死傷甚多。十二日我軍復相持數小時而潰。宋慶馬玉崑回通州，裕祿退回蔡村自盡。十四日，聯軍逼河西塢，李秉衡所統三十營，望風奔潰。十七夜，聯軍入通州，官兵悉遁，未發一彈而得之。

第二節　聶士成戰績

直隸提督聶士成，統領武毅軍駐紮蘆臺，涞水亂後，直隸總督裕祿調武毅軍數營至涿州，復分派多營防守津京鐵路。五月初八日，義和團焚黃村鐵路，聶軍一小隊救之，團民迎擊，傷數十人。於是聶軍沿途勦殺，落垡一役殺戮尤多。團民大憾，乞其首領訴於朝，太后痛斥直隸派出各軍之騷擾。總統武衞全軍榮祿，亦致書於聶以誡之。聶復稟以拳團病國害民，必誤大局，士成本任提督，境內有匪，理宜肅清，事定之後，雖受大罰，靡所逃死爲言。遂率軍北發，行抵楊村，義和團將鐵路佔住，不令前進。聶以其不可理喻，卽令開鎗，斃其十餘人，義和團亦放鎗還擊。兵士怒不可遏，一路追至村中，發砲轟斃六七百人，焚去鄉村四五座，居民死傷無算。蓋武毅軍雖稱善戰，軍紀實不可謂善，此固不能爲聶諱也。裕祿電奏，奉旨痛斥。

及朝廷決意失和，旋得大沽礮臺被奪之信，聶士成奉命攻擊天津租界，圍攻甚力，惡戰者十數次，相持近一月，礮聲不絕，西人謂自與中國交戰以來，從未遇此勇悍之兵。故自大沽失守以後，京津旦夕不保，而能首創西兵以禦急難，使津郡得延一月，而京師得獲暫安者，皆聶軍之力也。至二十八日聯兵大隊至津，聶以久戰之兵，又無繼援，勢始不支，然猶退守津城附近，力遏西師。乃未幾而有聶家爲團民所刼，練軍助匪鎗擊聶軍之事。是時西師大隊至津，聶軍退守甫定。聞家人被刼信急引兵追之。所謂練軍者，故多直人，與拳通；見聶軍追拳，共開鎗橫擊之，聶出不備，遂敗。

聶士成是時內外被敵，進退失據；又自憤身為提督，擁兵十餘載，身被數十創，而內不見諒於朝，外復見侮於匪，則大慷慨；又以為近日賊臣匪黨，欲排異己，動以通外為詞；欲亡身殉國，以間執讒口，謀所以死敵者。適六月初四日馬軍至津，聶仍收集數營，日夜助戰，每身輕前敵，欲求死國。至十三日在八里臺，果以身中數礮，腹裂腸出而死。

裕祿奏報云：『直隸提督聶士成自初十日帶隊移紮天津城南海光寺後，連日力戰，先進，敗洋人於跑馬廠及八里臺一帶，焚燒洋樓三座，繼復奪取小營門洋人礮臺。十三日丑刻，有洋兵大股來襲該軍駐紮八里臺之隊。提督聞信馳往督戰，洋兵四面環擊，鎗礮如雨；該提督兩腿均受礮傷，猶督兵不許少退。營官宋占標勸令退後稍息，該提督奮不可遏，仍復持刀督戰；又被敵鎗洞穿左右兩腮，項側腦門等處，臍下寸許復被礮彈炸穿，腸出數寸，登時陣亡，其營官宋占標亦隨同殉難。伏查該提督聶士成從前剿髮捻各逆，並光緒十六年剿平朝陽逆匪，二十年中東之役，扼守大高嶺，迭著戰功。玆以臨陣捐軀，身受多傷，死事甚爲慘烈。而當此軍務方急之際，遽失良將，莫不同聲悼惜。』云云。六月十六日上諭云：『聶士成多年講求洋操，原期殺敵致果，乃竟不堪一試，言之殊堪痛恨。姑念該提督親臨前敵，爲國捐軀，尙非退葸者比，着開復處分，照提督陣亡例賜卹，用示朝廷格外施恩策勵戎行之至意。』聶死五日而天津城陷。

第三節　李秉衡兵敗自殺

李秉衡，字鑑堂，居官以廉正著名。極恨西人，蓋愚忠而昧於時勢者也。光緒二十一年爲山東巡撫，聞山東大刀會以仇洋爲本旨，李心許之而不之禁。二十三年十月，山東鉅野縣大刀會殺德國教士二人，德國藉端取膠州灣，並迫中國革李職。光緒二十五年，剛毅補授軍機，召見時，讚李秉衡才，謂其果決有爲，當世不可多得。不久，召見李秉衡，着查辦盛京鉅案事畢後，特授長江水師提督。李與毓賢爲莫逆交；毓賢抵山西巡撫任時，曾告司道曰：『義和團確是義民；其魁首有二：一卽我，一卽鑑帥也。』

庚子五月，義和團之勢旣盛，兩廣總督李鴻章擬剿辦之摺，請李會銜，李不得已陽順而陰違之。至是秉衡奉命帶兵入京，太后召見，語移日。秉衡力主戰，且言義民可用，當以兵法部勒之。太后聞天津敗方旁皇，得秉衡言，乃決戰。授李秉衡爲欽差大臣，前往河西塢（俗呼河西務）視師。秉衡毅然自任，力言宗廟社稷，決不至再受恥辱。乃命總統前敵提督張春發、萬本華、夏辛酉、陳澤霖四軍。秉衡請義和團三千人以從，親拜其大師兄，團民各持引魂旛、混天大旗、雷火扇、陰陽瓶、九連環、如意鈎、火牌、飛劍，擁秉衡而行，謂之八寶法物。此等名目，皆出於戲劇，北劇最重神權，愚民迷信神權，演此劫運，蓋醞釀百年以來矣。

李秉衡至河西塢，收集軍隊，方將大戰，奈志大才疏，無軍事智識，將士又非素習，洋兵復勇悍異常，馬宋兩將又無連絡。及戰，春發、本華、辛酉皆敗績，死者十之五六，潞水爲之不流。澤霖自武清移營，聞礮聲卽潰。秉衡走通州，仰藥自盡死，全軍皆潰。故聯軍至通州，只一空城，未發一彈而長驅直入。秉衡死前作書致友人云：『弟刻自馬頭退抵張家灣，此衡死所也。馬頭已失，萬本華尙一戰，傷亡數十人。張十營僅剩一營，早間敗後，只數騎；頃云已集三營。夏猶在馬頭西南未退。陳則面稱亦有數營趕到，勉強列隊於西，大約不戰自潰矣。馬玉崑僅於十五早在楊房村口一晤，晤時見賊卽退去，昨亦退在馬頭，晨起請議戰事，則又北去矣。軍隊數萬，充塞道途，就數日目擊，實未一戰，村莊巨鎭如河西塢張家灣俱焚掠無遺，小村亦然。身經兵火屢屢，實所未見，宋則總未得見，頃聞已在通州。兵將如此，豈旦夕之故？衡上負朝廷，下負斯民，無可逃罪，若再偸生，是眞無心人矣。」云云。李死，朝廷曲諒愚忠，從優賜卹。

第四節　寃戮直臣

各國聯軍將入京時，首禍諸臣，凶焰轉熾；凡所欲殺，太后無不從之。於是許景澄袁昶立山聯元徐用儀五人死矣。而張蔭桓亦以是時被戮。六人之中，許袁爲尤著；蓋所上三疏，能曲盡當時之情弊，而對於教士欺壓平民，洋人竄穴內地，亦未嘗不痛恨之也。茲分述於下：

吏部左侍郞許景澄，浙江嘉興縣人，在總理各國事務衙門行走。袁昶，浙江桐廬縣人，亦在總理衙門行走。許袁之所以被殺，蓋因反對義和團運動之故。當五月二十二十一等日，召見王公貝勒六部九卿，太后宣開戰之諭時，許袁皆力爭。五六月中，袁昶兩次上疏。第一疏極言義和團實無能避鎗礮之術。第二疏請速謀保護使館，維持大局。二疏皆留中。六月下旬，西兵麕集，勢將直撲京師；許袁遂又合銜上疏，請嚴辦禍首。略謂：

『昔咸豐年間之髮匪捻匪負嵎十餘年，蹂躪十數省，上溯嘉慶年間之川陝教匪，淪陷四省，竊據三四載，考之方略，見當時興師振旅，竭中原全力僅乃克之。至今視之，則前數者皆手足之疾，未若拳匪爲腹心之疾也。蓋今之拳匪竟有身爲大員，謬視爲義民，不肯以匪目之。亦有知其爲匪，不敢以匪加之者。臣等雖不肖，亦知洋人窟穴內地，誠非中國之利；然必修明內政，愼重邦交，觀釁而動，擇各國之易與者，一震威權，用雪積憤。設當外寇入犯時，有能奮發忠義，爲滅此朝食之謀，臣等無論其力量何如，要不敢不服其氣概。

『今朝廷方與各國講信修睦，忽創滅洋之說，是爲橫挑邊釁，以天下爲戲。且所滅之洋，指在中國之洋人而言，抑括五洲各國之洋人而言。僅滅在中國之洋人，不能禁其續至；若盡滅五洲各國，則洋人之多，與華人奚啻十倍；其能盡滅與否，不待智者而知之。

『不料裕祿毓賢爲封疆大員，識不及此。裕祿且招攬拳匪頭目，待如上賓，鄉里無賴棍徒，聚衆千百人，持義和團三字名帖，卽可身入衙署，與該督分庭抗禮，不亦輕朝廷而羞當世之士耶？靜海縣之拳匪張德成曹福田韓以禮文霸之王德成等，皆平日武斷鄉曲，蔑視官長，聚衆滋事之棍徒，爲地方巨害，其名久著，士人莫不知之；卽京師之人，亦莫不知之。該督公然入諸奏報，加以考語，爲錄用地步，欺妄君上，莫此爲甚。又裕祿奏稱義和團民分起助戰，合力痛擊，焚燬租界洋房不少。臣詢諸由津避難來京之人，僉謂擊沉洋船，焚燬洋房，並無其事，而吾軍及拳匪被洋兵轟斃者不下數萬人；誑報軍情，竟與提督董福祥詐稱使館洋人焚殺盡淨如出一轍。要皆希合在廷諸臣謬見，誤爲吾皇太后皇上聖意所在，遂各倒行逆施，肆無忌憚；是皆在廷諸臣欺飾錮蔽，有以召之也。

『大學士徐桐素性糊塗，罔識利害；軍機大臣協辦大學士剛毅，比奸阿匪，頑固性成；軍機大臣禮部尚書啟秀，謬執己見，愚而自用；軍機大臣刑部尚書趙舒翹，居心狡猾，工於逢迎。……夫使十萬橫磨劍，果足制敵，臣等凡有血氣，何嘗不願聚彼族而殲旃；否則自誤以誤國，其逆恐不在臣等也。五月間剛毅趙舒翹奉旨前往涿州，解散拳匪，該匪勒令跪香，語多誣枉。趙舒翹明知其妄，語其隨員人等則太息痛恨，終以剛毅信有神術，不敢立異，僅出示數百紙，含糊了事，以已經解散覆命。近日天津被陷，洋兵節節內逼，曾無拳匪能以邪術阻令前進。誠恐旬月之間，勢將直撲京師，而徐桐剛毅等談笑漏舟之中，晏然自得。時至今日，間不容髮，非痛剿拳匪無詞以阻洋兵，非誅袒護拳匪之大臣，不足以剿拳匪；」云云。

此疏既入，更觸權臣之怒。太后命車裂以徇；大學士王文韶力諫，始改命立斬。宣統元年追賜許景澄諡文肅，袁昶諡忠節。

兵部尚書徐用儀嘗劾大學士徐桐，徐桐憾之。溥儁立爲大阿哥，用儀有不贊成語。用儀廷對時，言不可與各國啟釁，故端剛嫉之尤甚。矯命殺之。時年七十九。宣統元年追諡忠愍。

戶部尚書立山家故富厚，覬覦之者多。立山嘗直言於朝，謂拳團不足恃，莊王派多人圍其宅，以搜查爲名，席捲一空，執立山，謂其宅鄰法國教堂，有挖地道接濟洋人食物事。乃由大師兄紅衣冠由宣武門騎怒馬疾馳，拖至刑所，未死而面目已毀敗矣。宣統元年追諡忠貞。

內閣學士聯元曾請停攻使館。崇綺責之，俟其歸，不請旨，徑捕斬之。宣統元年追謚文直。

以上五人，和議定後，均開復原官。

已革侍郎張蔭桓，戊戌年力主變法，是年八月，太后訓政，褫張職，本擬誅戮，嗣以西使乞情，僅發配伊犁。至拳禍方興，有人誣張通俄，奉旨正法。時載瀾疏言通敵諸臣，尚有大學士王文韶戶部尚書廖壽恒請並除之，會聯軍入京而罷。載漪謀弒德宗，御醫姚寶生洩之，乃下寶生獄，欲殺之以滅口。城破，乃逃出。

第二章 八國聯軍蹂躪北方

第一節 慈禧光緒出走山陝

天津失守，敗報至京。旋李秉衡裕祿又敗死。榮祿入告，君臣相對泣。太后始欲奔熱河，大阿哥請護行，且言留帝在京，與其外國朋友講和。太后言出走不如殉國，令帝殉之。榮祿力諫，並請太后留京，降諭將載漪等斬首以謝外人。時太后仍希望拳民法術可救北京，故仍猛攻使館。是日召見榮祿八次，載漪五次，軍機五次，皆默對無一言。七月二十日通州陷，洋兵將至京。太后召見王大臣五次，末次惟王文韶剛毅趙舒翹入見，決定出京西遁。

二十一日黎明，太后扮鄉間農婦，服藍夏布衫，梳漢式頭，令帝后服藍布衣褲，將出奔，傳令妃嬪不許隨行，珍妃入言於太后，謂帝應留京以鎮人心；太后不答，但厲聲命李蓮英推妃於寧壽宮外大井中，蓋深恐德宗留京握政權也。帝目視之至於戰慄。太后挈帝后徒步出宮北門，乘騾車行，出德勝門。從行者有大阿哥溥儁，慶親王奕劻，喀爾喀親王那彥圖，端郡王載漪，莊親王載勛，貝勒載瀾載瀛載瀅等。馬玉崑之兵千人，及神機虎神營攻使館無功之旗兵數百護之。暮至貫市，太后及帝不食已一日矣。民或獻麥豆至，以手掬食之，須臾而盡。時天漸寒，求臥具不得，村婦以布被進，濯猶未乾也。

貫市李氏者富商也，以保鏢爲業，北道行旅，均藉之，從取千金，帝及太后乃易騾轎而行。岑春煊爲甘肅布政使，率兵來勤王，奉命往察哈爾防俄，至於昌平，入謁；太后對之泣。太后倉皇出走，驚悸殊甚，得春煊心稍安。春煊勤護從，太后深感之，泣謂春煊若得復國，必無敢忘德也。次日行至岔道，延慶州知州秦奎良進食，從者不能徧，奎良懼，太后慰遣之。太后易秦奎良轎行。暮至懷來，縣令吳永供張甚備，左右皆有餽遺。時塞外已嚴寒，而太后方御夏衣，永進衣裘，太后大喜，立擢永通永道。王文韶與其子追駕出西直門，及於懷來，乃入見，太后垂涕勞之。趙舒翹亦至，帝及后至沙城，乃易轎行。沿途居民鋪戶皆被扈駕兵搶刦一空，及駐蹕時，萬騎千乘，强買强取，駕過後靡有孑遺焉。

八月十七日抵太原，駐蹕撫署，於是下罪己之詔，下剿匪之詔，向各國求和，李鴻章奏陳各國之意，屢請迴鑾不允。及聞聯軍欲派一師至山西，乃召對衆臣討論應否回京，及向南方，或中央，或陝西遷都問題。時張之洞有摺至行在，請駕幸湖北之當陽，言地處中央，形勢絕佳，又地名亦吉，可爲中興之兆，蓋天子恆當陽也。太后則謂長安爲古帝王都，山川四塞，地據上游，都陝便，飭署撫端方即爲預備一切，蓋入鹿傳霖之言以長安險固，僻在西陲，外兵不易至也。兩江總督劉坤一聯合南省督撫發電諫阻，略謂我能往，敵亦能往，前聞各國既請退兵回鑾，不佔土地，正可藉回鑾之說，以速其撤兵之議云云。德宗頗願允從，太后不可。閏八月初六日啟行，九月初四至西安，駐蹕撫署。諸事草剏，惟日夕演戲，如在北京時。迨和議允協，列國撤兵，疆臣復連名力請，乃於次年八月回鑾。啓行時上諭雖云力從節儉，但內監等百般需索，沿途地方官不堪其擾云。

第二節　聯軍肆虐

七月十九日夕，日俄兩軍由通州先發，英美兵繼之，法兵較後。二十日晨，俄兵攻東便門，日軍攻東直朝陽二門，我軍自城上還擊，猛烈異常，堅拒不下，日俄將弁，死亡殊多。直至夜間，俄兵始破城，日兵亦破東直門而入。英兵自廣渠門入。二十一日各國圍攻紫禁城，爭先轟擊，咸思先入其中取得珍寶以爲快。蓋咸豐十年，英法聯軍燒刼圓明圓，得若干無價之寶而歸，歐洲兵士至今尤豔羨不已也。我軍在宮牆內極力抵禦，鎗礮亦頗烈。未幾，頭道門已破，聯軍大本營下令停止攻擊，不許兵隊前進一步，宮廷內部，非聯軍協議不得擅入。

各國聯軍之來華也，以德使被殺，仇最重，公推德將瓦得西爲聯軍總統。瓦得西居太后所居西苑之儀鸞殿。李鴻章入京議和，瓦得西欲卽於殿上見之，李堅以太后故居，臣下不敢僭入爲詞，始允易地相見。蘇州名妓傅彩雲，又名賽金花者，曾爲中國駐德公使洪鈞之妾，與瓦得西有穢行；洪死，傅適京，至是與瓦得西遇，復狎於儀鸞殿中。李鴻章利用之以磋商條件，頗得其助，一時稱重要人物云。

聯軍戰勝之餘，毫無紀律，將校軍士，公然搶物。袒護義和團者，受禍尤烈。德軍之來華也，德皇訓之曰，『苟入北京，當以入野蠻國之法待之，』故德軍尤暴。西兵掠得諸物，必向人家覓車馬載之，卽以粗繩繫其主人於車上，使之御車；有反抗或逃走者，皆被殺。軍隊粗人，不識珍寶，惟知金條爲上，銀次之。入富豪大吏之宅，見古瓷珍玩，嘗信手擊碎；或雜置車上，車一振動，狼籍滿地。各國軍隊，又互相猜忌，互相攘奪，每有鞍上纍纍，揚鞭長驅，路遇強者，又從而奪之。後至者羨先來者腰纏甚飽，於是窮事搜索，以償其欲，故偏僻之地，無處不搜。軍人搜得衣物既多，不便攜藏，遂賤價出售；於是軍隊拍賣場到處皆是，金銀珠寶，充積其中，差務一畢，即以一二長官帶領從人爲之。其時公然搶劫者，不獨大小軍官也；相傳公使之中，從事劫掠者亦不少。有不自爲之者，則使其夫人爲之。日本人取戶部庫銀至數百萬兩。宮門雖有各國軍隊分段把守，不許入內，然實具文也；大內精品幾爲之一空。蓋自元明以來，所蓄積之國寶奇珍，至是掃地殆盡矣。僅此所失，已不知若干萬萬云。昔日被困教民，至是亦大肆劫掠，並帶領洋兵以求報復，凡稍有拳匪之疑似者，無不被殺。自聯軍入京，殉難死者不下數千人，且多闔家殉難者，後邀卹典者，亦以千計。城中各處朝衣朝冠之男屍，鳳冠霞帔之女屍，觸目皆是。

西兵於搶掠以外，又事姦淫，所獲婦女，不分貴賤老少，驅入東城裱褙胡同，使列屋而居，作爲官妓；西兵皆得入內，隨意作樂。婦女慮受辱而自經者極多。人民之未死未逃者，不敢出戶門首插一小旗書曰『某國順民。』蓋聯軍入京未久，已分地而治，各有駐界也。南城八角琉璃井及孫公園地方，有抛擲瓦片者，洋兵終將附近房屋焚燬一百餘間，燒斃數人。良以京城雖大，突來外兵四萬餘人，加以本國教民流氓，推波助瀾，其混亂情形，蓋可想見焉。

首禍大臣之被辱者，亦不一其人。怡親王爲西兵所拘，橫加箠楚，復使爲諸兵士洗衣，困頓不堪，卒以自裁。克勤郡王及部郎慶寬同被拘，僇辱備至，使駄死屍出棄之，日數十往返，不許稍休；每日惟給以麵包一枚，清水一盂。後乘間而逃。崇禮爲聯軍所拘，日食以麵餅數枚，食竟，即使人牽其髮辮，游行於路。公爵崇綺於城破後，僅以身逃，其眷屬被聯軍姦汚，無一幸免。崇綺及其子聞之，乃仰藥死。其他類此者尙多，不勝枚舉矣。

義和團本附近地方之土民也，京城旣下，四散奔逃。聯軍乃四出剿匪，藉肆搶掠，京津一帶各州縣，無一幸免。京西安家村曾被圍擊，男女老幼，無一存者。聯軍之入京也，原將執太后以號令中國，及聞太后出走，乃大失望；於是分兵追逐，一枝趨保定，將由正定井陘以入固關；一枝趨張家口，將由雁門以南下太原。是時勤王軍統領程文炳，方分布軍隊於河北彰德衛暉懷慶三郡；毓賢則率兵扼守固關；京津散兵亦以黑布纏頭，自稱黑義和團，半途迎擊。昔日之紅黃義和團，或改為民團，或潛匿山谷，亦欲俟聯軍之入，截之於太行山中。斯時各國對於地盤問題，猜忌方深，僅以京奉鐵路之管理權論，英俄間已大有意見；而英國在華商務，又異常停滯；且鑒於天津之戰，華兵勇悍異常；山陝一帶，表裏山河，道途不熟，不敢深入，乃罷前追之議。

聯軍赴保定時，途經良鄉涿州琉璃河安肅北河一帶，大肆刦掠。及至保定，布政使廷雍率城中官民開門迎降。聯軍既入城，越日，遂執廷雍，各統領列坐督署大堂，牽廷雍跪下，問以縱匪仇教各款，而鎗斃之。蓋保定一帶之拳禍，實廷雍所提倡也。城守尉奎恆，參將王占魁亦處死刑。候補道譚文煥曾助義和團，帶至天津殺之。俄軍入永平，執知府重㷲及都司錫光，把總賈桂一，送旅順訊問，因有助拳嫌疑也。奕劻婉請於俄，尋釋歸。聯軍分兵往易州，封閉皇陵，又派兵看守，並分兵往東陵。及和議成，兵皆撤退。

第三節　俄軍占領東三省

五月二十五日諭旨，曾令各省招集義民以禦外侮。各國聯軍抵津時，朝廷仍諭各省督撫將軍保守疆土，不可以和之一字横梗胸中。黑龍江將軍壽山奉到上諭後，念黑龍江兵餉俱絀，不足與俄交戰，因電致奉天商議戰守。奉天將軍增祺不欲開釁，副都統晋昌事事與增祺異見，電覆壽山力主開戰；並約於六月十三日同時與俄人開仗，軍械糧餉，許由奉天接濟。於是壽有恃無恐，毅然決戰。

六月十一二等日，海蘭泡有俄兵數千，欲假道愛琿卜奎（按即齊齊哈爾）至哈爾濱保護鐵路。海蘭泡將軍固畢乃脫爾先以公文告壽，壽不允。十五日，壽發電致愛琿副都統鳳翔，令戒備一切，俄兵過境，宜迎頭痛擊，勿令下駛。鳳自度愛琿兵備空虛，不足以一戰，電阻啓釁，壽置之不理。十七十八等日俄兵艦裝載軍火下駛，駛至愛琿上游二十里三道溝地方，中國統兵官恆統領出爲阻止，不聽，遂開釁。

自是黑河統兵官崇統領連日開礮攻海蘭泡，俄兵亦以開花礮還擊。二十及二十一日俄派馬隊數旗至愛琿城東，驅二十八屯民聚於大屋中，焚斃無算，在海蘭泡貿易之華商，約六千餘人，被俄兵驅至江邊，而殺之。自二十四日起，雙方排礮江邊，互相轟擊。二十六日，有俄國馬步兵六千名，從黑河上游偸渡，我軍以其衣華軍號衣，疑爲漠河護金礦之兵，故未開礮。迨登岸，始知爲俄軍，已措手不及。崇統領所部各兵立卽驚散，退至愛琿，崇統領死之。俄兵乘勝由西山陸路直撲愛琿。連陷愛琿城及兒溝子諸地，華兵退守距兒溝子一百六十里之北大嶺，（卽內興安嶺。）

北大嶺爲愛琿之後路，齊齊哈爾之門戶，最爲險要。十六日，俄軍進逼大嶺。鳳副都統率隊迎擊，華兵有洋鎗，無短刀，俄兵兼有之，我軍稍卻，後隊幾爲牽動。鳳傳令各軍暫退，徐圖後計。十七日晨，俄軍在北大嶺架開花大礮，向華軍猛攻。鳳傳令全軍出隊迎敵，自統前隊督戰，後軍乘勢繼進，勇氣百倍，大敗俄軍，俄將士死傷無算。恆統領傷臂陣亡，軍士陣亡不少。鳳左腿右臂受傷甚重，左右扶之回營，至晚嘔血數升而亡。

壽山旋派人赴北大嶺照會俄官，請停戰議和。俄人不允。斯時壽山猶操練義和團百餘人，恃爲長城。二十八日，城中傳言哈爾濱俄軍已越東大嶺，卽日來卜奎。壽山自度不能見俄將；擬自裁未果。初三日，俄軍前隊陸續抵卜奎城。午後奉天軍到卜奎，與俄軍開仗，隨卽敗潰。初四晨，俄軍後隊亦到。將入城。壽山不得已乃自盡。副都統薩保降俄。黑龍江省遂失守。

吉林將軍長順初不主張開釁。繼聞伊通州知州朱兆槐言，義和團小孩二名，在城西天主堂門首用手向空鼓煽，其堂自焚，並不延燒民房。又聞長春府知府謝汝欽言，府西俄人房屋，忽然自燃，人近火前，不覺其熱，距民房數尺，地上有紅線一道，火不越線而燒云云，乃大信拳。並以入奏。八月下旬，俄兵渡松花江，攻吉林省城，長順逃走。俄軍入吉林，派兵赴附近各處，見有營壘悉毀之，吉林悉陷。閏八月初旬，俄軍沿大路而南，華兵一戰卽退。初九日，奉天軍略與俄軍戰，未幾卽散。俄軍遂入奉天，將軍增祺逃往義州。俄兵入城，大肆劫掠；於是東三省全失。和議定後，俄允撤兵，而牽延不去，意圖久佔。日本忌之，遂有日俄之戰。

第三章　和約及懲魁

第一節　和議條約

天津陷時，清廷命李鴻章調補直隸總督，並命其借坐俄國郵船，由海道北上，鴻章七電言不能速行；且謂太后非改變政策，決不北上。繼又授李鴻章爲全權大臣，命電商各國先行停戰。又電令駐俄英日本等國使臣楊儒羅豐祿李盛鐸分遞國書，求三國調停戰事，蓋狗軍機之請，以爲此乘時取勝之舉，欲列強猜忌離異也。各國政府，閱此電文，皆莫名其故。鴻章覆奏，請立將妖人正法，罷黜信任邪匪之大臣，安送外國公使至聯軍大營，則當力疾冒暑願行。又言接讀寄諭，似太后仍無誠信議和之意，朝政仍在跋扈奸臣之手，猶信拳匪爲忠義之民，若冒昧北上，唯死於亂兵妖民，而於國毫無補益也。北京既破，兩宮出走，命慶親王奕劻會同李鴻章辦理和議；又添派劉坤一張之洞副之。旋因李鴻章請添派五大臣會議，乃派榮祿會同辦理，各使謂榮祿曾遣董福祥圍攻使館，不願接待，遂赴西安行在。

是時各國表面和同，內相猜忌；慶王奕劻入京，日人軟禁之；李鴻章至津，俄人監守之；各國因此頗相牴牾，日久乃得磋商。奕劻不敢置一辭，一以讓鴻章。鴻章累月磋磨，始定大綱十二款。此次和約未曾失地，實列強恐破均勢，引起戰爭耳。茲將十二大綱，列舉於下：

（一）戕害德使一事，由中國派親王專使至德，代表皇帝慚悔之意，並於被害處樹立銘德之碑。（二）嚴懲肇禍諸人，（斬決賜死永禁及永不起用凡百餘人）及昭雪上年力諫被害各員許景澄等。其戕害陵虐各國人民之各城鎮，五年內不得舉行文武考試。（三）戕害日本書記生事，中國必須用優榮之典，以謝日本政府。（四）污瀆發掘各國人民墳墓之處，建立碣碑。（五）軍火及專為製造軍火之材料，不准運入中國。（自本年七月初四日起，禁止進口二年。）（六）中國允賠補各國人及為外人執事之中國人身家財產所受公私各虧。（七）各國常駐兵隊護衛使館（中國民人，概不准在界內居住。）（八）京師至海邊，須留出往來暢行通道。大沽等礮臺一律削平。（九）由各國駐兵留守通道。（十）張貼永禁軍民人等仇視諸國之諭旨。（定兩年之久，在各府廳州縣張貼永禁仇視諸國各會之諭旨。）（十一）改訂通商行船各約。(十二)改變總理各國事務衙門，並各國駐使覲見皇帝禮節。末言以上各款，若非中國國家允從，足適各國之意，難許有撤退京畿一帶駐紮兵隊之望。約成，奕劻等據以入告，且奏言各國詞意決絕，不容辯論，宗社陵寢，均在他人掌握，存亡之機，間不容髮，請速決。疏入，太后猶欲減輕載漪諸人罪，並不認啓秀徐承煜爲有罪。又大不滿意徐用儀等五人之昭雪。而張之洞復上封事，於各條款著著辯難，太后信之，仍命奕劻等設法磋商。尋覆奏言俄外部密告駐使楊儒，議若不成，聞各國有開春截斷運道，或另立政府之謀，(時外人有擁戴李鴻章或袁世凱之議)恐禍致莫測云。李鴻章對人謂張之洞所駁各節，皆屬無理取鬧，不料張督在外多年，仍是二十年在京書生之習，蓋局外論事易也。至是始照允。

大綱既定，罪魁已懲，始商詳目。鴻章與各國磋議，時歷數月，心力交瘁，行在政府屢傳電諭，授意駁辯。鴻章謂樞臣不明敵情，徒亂意閱，竟卽毀之，幕僚不及見也。各國持之堅，久未定議，而鴻章積勞病深，卒不起。各國聞鴻章逝，乃大感愴，悉如鴻章議，卒簽約。茲將議定約章，摘錄大要如下：

第一款　（一）派醇親王載灃赴德國謝罪。（二）在德使克林德遇害處所，建立碑坊一座。

第二款　（一）懲辦罪魁（詳見下節）（二）諸國人民遇害被虐城鎮，停止文武各等考試五年，（順天太原鄉試停止。山西省之太原府，忻州，太谷縣，大同府，汾州府，孝義縣，曲沃縣，大寧縣，河津縣，山陰縣，朔平府，文水縣，壽陽縣，平陽府，長子縣，高平縣，澤州府，隰州，蒲州，絳州，歸化城，綏遠城。河南省之南陽府，河南縣，鄭州，光州，陳州府。浙江省之衢州府。直隸省之北京，順天府，保定府，永清縣，天津府，順德府，望都縣，肥鄉縣，新城縣，通州，武邑縣，景州，灤州。東三省之盛京，甲子廠，連山，于慶街，北林子，呼蘭城。陝西省之寧羌州。江西省之鄱陽縣，湖南省之衡州府等處，均爲停止考試之地。）

第三款　派戶部侍郎那桐赴日本謝罪。

第四款　在諸國被汚瀆及挖掘各墳塋，建立滌垢雪侮之碑。京師一帶每處一萬兩，外省每處五千兩。

第五款　二年之內，不准軍火暨專爲製造軍火各種器料進口。嗣後各國如仍欲續禁，再行續展。

第六款　付諸國償款海關銀四百五十兆兩，此爲各國及各會中國人民之賠償總數。分四十年還淸，惟必加付利息本利合計九百八十二兆二十三萬八千一百五十兩。

第七款　全體應允。

第八款　全體應允。

第九款　諸國駐防之處，允定爲黃村郎坊楊村天津軍糧城塘沽蘆台唐山灤州昌黎秦皇島山海關。

第十款　全體應允。

第十一款　允定將通商行船各條約內諸國視爲應行商改之處及有關通商各地事宜，均行議商，以期妥善。現按照第六款賠償事宜，約定中國國家應允襄辦改善北河黃浦水路。(一)改善北河河道中外合辦，中國每年應付六萬兩。(二)現設立黃浦河道局，預估後二十年間，每年支用海關銀四十六萬兩，中國付給其半。

第十二款　改總理各國事務衙門爲外務部，班在六部之前。並變更外使覲見禮節。

按辛丑條約，獨未割地。其原因固非一端，而怵於義和團之死戰，不可謂非重要原因之一也。辛丑正月廣學會所刋之萬國公報載有一節如下：　英報云法國某在法國會堂，論中國後來之景況云：中國地勢宏闊，民氣堅勁，殊非印度南洋可比。各國以其民氣未開，遂羣起而思侮之；且欲驅勒人民，瓜分土地，等諸印度南洋諸種類；此所謂智蔽於欲也。吾但見其流血於亞洲大陸而一無所成耳。夫中華豈印度比哉？華人才，印人拙；華人堅忍，必求有成；印人懦弱，任人制治。若夫南洋蠻族更不逮遠甚。且華人久沐儒教，同德同文，每與西人性情相反。西人若領其地而治其民，以他族居然臨御其上，豈無偉人攘臂合羣以死命相爭乎？華人久受政府之抑，故莫顯其智力，苟愈激之，則反抵之勢愈大。今華人正當激甚之時，若再加以挑撥，誰敢謂亞洲大國，必無華盛頓其人者。吾故謂瓜分之說，不啻夢囈也。雖然，今日華北之亂，西人將何以結之乎？余謂莫善於廣索商場，廣開商岸云云。

第二節　懲辦罪魁

自德使被害，大沽礮臺失守，淸廷致電各國，願修舊好。德外部覆總署云：『敝國使臣被害之後，大皇帝無一言自咎，亦未懲辦一兇，本大臣不能將來書送我國皇上。』英政府答以『我君主候在華公使安泰無虞，然後覆中國皇帝求成之電。』其他各國，亦皆以懲魁，勦匪，保護使館，爲先決條件。及聯軍破京，德使謂德皇訓條，非交出四人不得停戰。四人者，載漪，董福祥，載勛，剛毅也。李鴻章入京，各國咸謂必先嚴速懲辦罪魁，方許議和。時駐外各使及劉坤一，張之洞亦痛切陳請，太后始降旨懲處。外人以情重法輕，不足蔽辜，不得已復加重。各使猶以爲未足，不允開議，始下第三次嚴辦之諭。蓋其時國已不國，固無事而不唯命是聽也。玆將位高罪重者，詳述於下，餘從略焉。

端王載漪第一次革去爵職，發往盛京永遠圈禁。第二次發往新疆永遠監禁。第三次加定爲斬監候罪名，仍加恩免死。莊親王載勛先革去爵職，發往盛京永遠圈禁，終賜令自盡。山西巡撫毓賢第一次發往新疆，充當苦差。第二次令正法。此諭自西安行在發出，除夕抵甘肅省城。時毓方抵甘肅，署督李廷簫自知山西之禍，己亦力助釀成，因於元旦服毒死。按察使何福堃代理督篆，初六晨斬毓賢於北門什字觀。刑部尙書趙舒翹第一次革職留任，第二次定爲斬監候罪名，先行監禁。終令自盡。軍機大臣剛毅滿洲正白旗人，歷任山西江蘇巡撫。光緒二十五年，補授軍部尙書兼軍機大臣。八月兩宮在太原，召見端莊，面加申斥，剛毅在旁，不敢出鼻息。閏八月兩宮幸西安，剛亦隨行，行至聞喜縣，剛憂懼嘔血，折回侯馬鎮，未幾死。至是，第一次追奪原官，撤銷卹典，繼令定爲斬立決罪名。因病故，免其置議。大學士徐桐極爲太后信任，太后招撫義和團，實決於徐桐之一言。及聯軍入京，不獲已涕泣自縊死。其子承煜爲聯軍所得。第二次懲魁諭旨，承煜革職；第三次令由洋人交回正法。徐桐因已身故，革職撤銷卹典。禮部尙書啓秀爲力主開戰者之一。後爲日軍所拘，不復倔強。旣而母死，請放假十日，歸治喪事，日軍許之，而以長繩繫其手，使人牽之。喪畢，乘間自盡。左都御史英年第一次革職，定爲斬監候罪名，先行監禁，終令自盡死。長江水師提督李秉衡自盡後，清廷曾特降優詔，褒奬備至，予謚，入祀昭忠祠。繼因西人要求，定爲斬監候罪名，因已身故，着革職撤銷卹典。甘肅提督董福祥聯軍堅欲治罪，太后因其帶兵，恐回甘煽動回匪作亂，未敢加罪，僅革職留任。

輔國公載瀾先令停俸降調，繼革爵，發往新疆永遠監禁。怡親王溥靜先令革去爵職，繼令圈禁。貝勒載濂先令革爵，繼令閉門思過。貝勒載瀅先令革爵，繼令圈禁。直隸總督裕祿素與西人交善，本無仇外之意，惟性情巽軟無定見。義和團初起時，曾請旨嚴禁，繼亦曾派楊福同剿辦，續因懾於端剛，患失心重，乃望風承旨，轉而崇信，至是因已自盡，僅令革職。

山西歸綏道鄭文欽謀殺西人十八名，斬立決。山西陽曲縣知縣白昶誑殺西人四十餘名，斬立決。浙江衢州城守營都司周之德殺害西人多命，斬立決。江西按察使陳澤霖攻打朱家河教民，革職永不敍用。湖南巡撫俞廉三干涉戕害衡州教士，革職永不敍用。浙江巡撫劉樹堂通傳殺害西人密諭，革職永不敍用。浙江布政使榮銓發往極邊充當苦差。盛京副都統晉昌，黑龍江副都統鳳翔，亦如之。

結論

庚子義和團之役，以清廷三數不明世界大勢之權臣，利用北方數省多數無知之拳民，並全國人民愛國仇教之心理，妄思殺盡國內西人，以國家為孤注之一擲，初不意辱國喪師，賠償亙古未有之鉅款，幾置吾國於萬劫不復之地，固非清季頑梗諸廷臣意料所及者；吾人於義和團又何責焉。然清廷嗣後深知西人之不可輕侮，國人亦漸悟世界大勢之不可不知，於是遂羣起而爲維新立憲之運動，昔日重己輕人之積習因此打破。不可謂非受義和團運動之影響矣。其在西人方面亦鑒於吾國民氣之發皇，全國人心對外之一致，始恍然於中國民族之不可輕侮，黄禍之說反自此喧騰西歐人士之口。外國政府與在華教士莫不自此懷畏懼之心，而捐其昔日藐視華人之態，此則影響之尤大者。是故義和團運動之方法，固足以亡國而有餘，而吾華民族主義精神之公然流露實以此次運動爲嚆矢。此又讀史者所不可不辨者也。

[illegible]

義和團運動史參考書

拳禍記　天主教李杕撰

增補拳匪禍教記　同上

拳匪紀事　日本佐原篤介　浙西漚隱　同輯

景善日記　滿人景善

庚子使館被圍記　陳冷汰譯

義和拳教門源流考　勞乃宣

東華錄

萬國公報

清史紀事本末　黃鴻壽

清外史庚子國變記　載庸言第一册

庚子教會受難記　英教士季理斐撰

庚子教會華人流血史　耶穌教柴蓮馥輯

益聞錄

敬啟

『民國專題史』叢書，乃民國時期出版的著名學者、專家在某一專題領域的學術成果。所收圖書絕大部分著作權已進入公有領域，但仍有極少圖書著作權還在保護期內，需按相關要求支付著作權人或繼承人報酬。因未能全部聯系到相關著作權人，請見到此説明者及時與河南人民出版社聯系。

聯系人　楊光
聯系電話　0371-65788063
2016年3月28日